COURS DE THEMES

DE LA

LANGUE ESPAGNOLE.

COURS DE THÈMES

DE

LA LANGUE ESPAGNOLE

A L'USAGE

DES COLLÉGES ET PENSIONNATS FRANÇAIS

Rédigés d'après la Grammaire

APPROUVÉE PAR L'UNIVERSITÉ

et recommandée par le Ministre de l'Instruction publique
aux Recteurs des Académies

PAR

M. B. SOTOS OCHANDO

Ancien député aux Cortès, professeur d'espagnol de LL. AA. RR. les princes
et les princesses de la famille royale de France, et auteur de plusieurs
ouvrages destinés à l'enseignement des langues française et espagnole.

PARIS

IMPRIMERIE ET LITHOGRAPHIE DE MAULDE ET RENOU,
RUE BAILLEUL, 9 ET 11, PRÈS DU LOUVRE.

—

1841

OUVRAGES

Publiés pour apprendre l'espagnol et le français à ceux qui n'ont pas de maître de ces langues, d'après une méthode particulière très recommandée par la Société des méthodes d'enseignement,

PAR

M. SOTOS OCHANDO

PROFESSEUR D'ESPAGNOL DE LL. AA. RR. LES PRINCES ET LES PRINCESSES DE LA FAMILLE ROYALE DE FRANCE, ANCIEN DÉPUTÉ AUX CORTÈS, ETC.

A L'USAGE DES FRANÇAIS.

GRAMMAIRE COMPLÈTE

ESPAGNOLE FRANÇAISE

La seule approuvée par l'Université pour l'usage des colléges de France, et recommandée par le Ministre de l'Instruction publique à tous les Recteurs des Académies. Troisième édition qui contient plusieurs supplémens sur les IDIOTISMES, sur les HOMONYMES des deux langues, sur les PROVERBES et sur les MONNAIES, MESURES et POIDS espagnols comparés à ceux de la France ; UN TABLEAU SYNOPTIQUE de toutes les conjugaisons régulières et irrégulières de l'espagnol, UN AUTRE de toutes les règles et exceptions de la grammaire, et une LISTE ALPHABÉTIQUE de tous les verbes irréguliers.

Un volume in-12. — Prix : 4 fr.

ABRÉGÉ

DE

LA GRAMMAIRE ESPAGNOLE

AVEC DES THÈMES.

Un volume in-12. — Prix : 1 fr. 50 c.

TRADUCTION DE L'ESPAGNOL

ET

COURS DE LITTÉRATURE ESPAGNOLE.

Cet ouvrage, composé d'après une méthode toute particulière, peut être envisagé sous deux rapports différens.

Sous le rapport de la traduction, les morceaux espagnols qui composent cet ouvrage sont tellement combinés que *le jeune homme le moins instruit et de l'intelligence la plus commune*, dit la Commission de la Société des méthodes d'enseignement, *peut traduire très facilement les cinq premiers exercices*. Dans les autres exercices, *les difficultés qui peuvent arrêter un Français se succèdent par gradation; mais il les surmontera sans peine, à l'aide des renvois au tableau et des explications données au chapitre 2e (à présent Appendice 2e).* La Commission termine son rapport en disant: *qu'à l'aide du traité de la traduction de l'espagnol, tel qu'il a été proposé par M. Sotos Ochando, on peut l'apprendre seul avec facilité.* Si l'on a l'occasion de consulter de temps en temps une personne qui connaisse un peu l'espagnol, on l'apprendra encore bien plus facilement et sans ombre d'embarras.

En outre, cet ouvrage forme par lui-même un *Cours raisonné et pratique de littérature espagnole.* En effet, les premiers morceaux, choisis de neuf écrivains différens, contiennent un discours sur les avantages et les qualités de la langue castillane ; un abrégé historique de la littérature espagnole ancienne et moderne ; plusieurs critiques sur les écrivains les plus renommés de l'Espagne ; des discussions très intéressantes sur les genres *classique et romantique*, sur les trois unités dramatiques, sur les inconvenances, les invraisemblances et le merveilleux dans les drames, etc., etc., et l'application de ces doctrines à la littérature de cette nation. Ensuite on trouve des morceaux choisis des écrivains espagnols les plus distingués, tels que Jovellanos, Feyjoo, Solis, Cervantes, Mariana, etc., en prose ; Martinez de la Rosa, Arriaza, Moratin, Melendez, Fr. Diego Gonzalez, Gil Polo, Garcilaso, etc., en vers.

Un volume in-12. — Prix : 5 fr. ; papier vélin, 6 fr.

COURS DE THÈMES

Avec interligne, un VOCABULAIRE de trois mille mots les plus usités, plusieurs DIALOGUES familiers en français et en espagnol, DES TABLEAUX SYNOPTIQUES, etc., etc.

La Commission citée ci-dessus dit : *Pour l'un et l'autre genre de traduction* (du français en espagnol et de l'espagnol en français), *l'auteur procède avec tant d'ordre et de clarté, qu'au moyen de ces livres, chacun, à notre avis, peut apprendre seul la langue espagnole.* Deuxième édition augmentée et corrigée.

Un volume in-12. — Prix : 3 fr.

PRONONCIATION ESPAGNOLE

Avec plusieurs pièces de poésie, un tableau synoptique et un interligné de 70 pages, *qui représente,* dit la même Commission, *la prononciation espagnole de tous les mots, au moyen de caractères spéciaux de l'imprimerie, fondus* ad hoc, *qui remplissent parfaitement le but qu'il (l'Auteur) s'est proposé de fournir aux Français les moyens de s'exercer par eux-mêmes avec succès sur ce point important.*

Un volume in-12. — Prix : 5 fr.

A L'USAGE DES ESPAGNOLS.

TRADUCCION DEL FRANCES AL ESPAÑOL.

Les morceaux français qui la composent font un ouvrage qu'on peut intituler : *L'Incrédule ramené à la foi par la raison.*
Un volume in-12. — Prix : 5 fr.; papier vélin, 6 fr.

PRONUNCIACION DEL FRANCES.

Cet ouvrage, qui analyse les sons de la langue française, les classe et les représente par des caractères spéciaux, et qui contient toutes les règles de la prononciation et de la liaison de consonnes finales, est aussi utile aux Français qu'aux Espagnols.
Un volume in-12. — Prix : 2 fr.

Dépôt à Paris, chez FITOIS-LEVRAULT et Comp., libraires, rue de la Harpe, 81.

COURS DE THÈMES ESPAGNOLS

CHAPITRE PREMIER.

PREMIÈRE SÉRIE DE THÈMES.

Les exercices qu'on donne dans ce chapitre sont mis dans l'ordre même des règles qu'on a établies dans la *Grammaire complète*. Au commencement de chaque thème on a marqué les numéros de cette grammaire, qu'on doit consulter, de manière que les élèves n'auront qu'à les lire avec réflexion pour le faire.

Les élèves qui voudront réussir dans ce travail, et ne pas se voir forcés de revenir péniblement et à chaque instant à l'étude des règles de la grammaire, doivent non seulement les étudier avec réflexion, mais aussi se rendre un compte très exact du résumé qui se trouve à la fin de ce volume, et l'avoir sous les yeux pendant tout le temps de leur étude, jusqu'à ce qu'ils en aient une connaissance la plus parfaite. S'ils le font, nous leurs garantissons des progrès très remarquables, ainsi qu'une très grande économie de temps et de peine.

ARTICLE PREMIER.

EXERCICES DE PRONONCIATION.

Utilité d'un Maître et manière d'y suppléer.

Nous avons remarqué au n° 2, que les trois lettres *Ch*, *J* et *Z*, ont dans l'espagnol une prononciation toute particulière qui ne peut être bien représentée dans la langue française. On en peut dire autant, et de certaines nuances qu'on trouve dans le son des lettres *B*, *D*, *LL*, *R*, *S*, *V* et *Y* mouillé, comme nous l'avons indiqué au même numéro, et de la différence de prononciation dans les mots espagnols, selon que leur accent aigu porte sur la dernière, la pénultième ou l'antépénultième syllabe. Ainsi les Français qui voudront s'appliquer à l'étude de la langue espagnole, doivent consulter

un bon maître qui soit capable de les diriger et de les exercer dans la prononciation de ces lettres et de ces accens.
Cette difficulté une fois vaincue, il suffit d'un peu d'application et une médiocre attention pour réussir dans cette
étude.

Cependant, si quelqu'un se trouve dans des circonstances
qui ne lui permettent pas de profiter des leçons d'un bon
maître, il peut y suppléer, jusqu'à un certain point, en étudiant les notes qui se trouvent aux nᵒˢ 2, 3, 8 et 9. A l'aide
de ces observations, il pourra obtenir une prononciation suf-
fisamment exacte pour se faire très bien comprendre, quoiqu'elle ne soit pas parfaite (¹). C'est un avantage inappré-
ciable qu'aucune autre langue ne présente, et qui nous autorise à dire qu'on peut l'apprendre par soi-même.

C'est principalement en faveur des personnes qui n'auront
d'autre guide qu'elles-mêmes, que nous avons composé un
traité particulier de prononciation espagnole, dans lequel on
trouve une longue série d'exercices pratiques, accompagnés

______

(1) Un Français qui prononcera le *ch* et le *z* castillans comme on les
prononce en français, sera parfaitement compris par les Espagnols, pourvu qu'il sache appliquer les règles qui fixent quelles sont les lettres qu'on
doit prononcer dans les différens cas. A plus forte raison il sera compris
si, d'après les observations que nous avons faites, il obtient une prononciation un peu plus exacte de ces deux lettres. Plusieurs Français trouvent de la difficulté pour prononcer le *j* espagnol d'une manière exacte et
aisée, mais il n'y a pas de Français qui n'apprenne très facilement à faire
sentir cette lettre d'une manière assez distincte pour qu'on ne puisse la
confondre avec une autre. Tous les autres sons de l'espagnol sont connus
dans le français.

de plusieurs observations convenables pour les rendre plus clairs, et d'une interligne qui répresente exactement la prononciation. Voyez la page 7.

Observations importantes.

Avant de commencer les exercices de prononciation, il est utile de fixer l'attention sur les lettres et sur les syllabes dans la prononciation desquelles les Français sont le plus exposés à se méprendre, par suite de l'habitude qu'ils ont contractée en prononçant dans leur idiome des lettres et des syllabes semblables dans l'écriture et différentes dans le son. Afin de prévenir ces méprises, observez les avis suivans :

1° Prononcez bien distinctement toutes les voyelles. Gardez-vous donc de confondre dans un seul son les diphthongues *ai, au, ei, eu* ou toute autre; gardez-vous aussi d'élider la dernière voyelle d'un mot, bien qu'elle soit suivie d'un mot qui commence par une autre voyelle. Exemples : *causa, deidad, Anjou, Garay; la ambicion, la especie, me encontró, le avisó, se aman,* etc.

2° Prononcez toujours les lettres *e, m, n, s* et *t*, selon leur son naturel et sans les variations qu'elles admettent en français. Il faut donc bannir partout de l'espagnol le son de l'*e* muet et celui de l'*e* ouvert, le son nasal de l'*m* et de l'*n*, le son du *z* dans l'*s*, et celui du *c* dans le *t* : il faut aussi se garder de changer le son de voyelles qui précèdent l'*m* et l'*n*, selon l'usage des Français. Exemples : *que, le, tres, les, se, elevar, sucede; amparar, cambio, andar, constante, antes, empleo, imperio, cumbre, entender, fin, betun; ocasion, acusar, las almas, los hombres; Matías, patio, metiendo,* etc.

3° N'aspirez pas l'*h* si ce n'est dans les syllabes *hue* et *hie,* et même dans ces syllabes ne le faites que très faiblement. Exemples : *Holanda, héroe, hueco, huevo.*

4° Gardez-vous de donner le son français à la voyelle *u* et aux syllabes *gue* et *que.* On doit prononcer *u* comme *ou* en français, et les syllabes *gue* et *que* d'une manière simple, sans faire précéder l'*e* d'un son obscur qui ressemble à un *i* faiblement prononcé, comme on le fait en français : *cubo, cura, espíritu, guerra, aquellos.*

Exercices sur les Syllabes.

Cet exercice est destiné à faire saisir la prononciation des syllabes qui offrent quelque difficulté. On les trouvé toutes réunies dans la liste qu'on a donnée au n° 6 de la Grammaire, et que nous répétons ici, afin que tous les exercices pratiques se trouvent réunis dans le même volume.

Nous recommandons très particulièrement de donner un son clair, et toujours le même, à chacune des lettres, et surtout aux voyelles. Quelques Français, spécialement ceux qui ont étudié l'anglais, donnent un son très différent aux voyelles dans certains cas, ce qui dénature complètement la prononciation de l'espagnol.

RÉSUMÉ DES N°s 2 et 3 DE LA GRAMMAIRE. — CH, J, Z : vive voix du maître. — E, presque fermé. — H, non aspiré. — L, jamais mouillé. — LL, toujours mouillé, non double. — M, N, jamais nasaux. — Ñ, *gn.* — RR, rude. — R,

doux.—S, ç. — C, Z espagnol. — U, *ou*. Prononcez tout,
excepté l'*u* dans *gue*, *gui*, *que*, *qui* sans tréma.

Ce, ci, font *z* espagnol. — Chà, chê, etc. *k*. — Ge, *gi* : *j*
espagnol. — R : *rr* 1° dans *rabia*, etc. ; 2° après *l*, *n*, *s*;
3° *virey*, etc. ; 4° avec *ab*, *contra*, *entre*, *ex*, *ob*, *pre*, *pro*,
sobre et *sub*. — Y : consonne devant nne voyelle. — X : *cs*.
Etant initial ou final (et dans l'ancienne orthographe devant
une voyelle sans circonflexe), *j* espagnol. — W : *ou*. Devant
une voyelle, *v*. — Règles pour quelques mots étrangers.

A, e, i, o, u (*son clair, et toujours le même*).

Ca, ce, ci, co, cu.

Cha, che, chi, cho, chu.

Chà, chê, chì, chò, chû.

Ga, ge, gi, go, gu.

Gua, gue, güe, gai, güi, guo.

Ha, he, hi, ho, hu, hue.

Ja, je, ji, jo, ju.

Lla, lle, lli, llo, llu.

Am, em, im, om, um.

An, en, in, on, un.

Ña, ñe, ñi, ño, ñu.

Qua, que, qüe, qui, qüi, quo.

Ra, re, ri, ro, ru (*au commencement d'un mot*).

para, pero, moro, vara, cura.

borra, parra, forro, tierra.

alrota, honra, desro.

Asa, ase, asi : esa, eso, oso, etc.

as, es, is, os, us.

Za, ze, zi, zo, zu.

az, ez, iz, oz, uz.

Wal, wer, wis, elwagen.

tew, law, town, bewd.

Xa, xe, xi, xo, xu (*au commencement d'un mot*).

extender, expreso, oxte.

ax, ex, ix, ox, ux (*à la fin des mots*).

Ba, be, bi, bo, bu. — Va, ve, vi, vo, vu.

Les Français peuvent bien prononcer le *b* et le *v* comme ils le font dans leur langue ; mais ils ne doivent pas en faire sentir trop fortement la différence, surtout lorsqu'ils prononcent le *v* : cette lettre trop fortement prononcée produirait un mauvais effet en espagnol.

DANS L'ANCIENNE ORTHOGRAPHE.

Axa, axe, axi, axo, axu, exa, exe, etc.

Axá, axé, axí, axô, axû, exâ, exé, etc.

DANS LA NOUVELLE ORTHOGRAPHE.

Axa, axe, exe, exi, oxa etc.

Exercices sur les Accens.

Cet exercice est destiné à fortifier le précédent, et à apprendre aux Français la manière de bien prononcer les mots espagnols, en leur donnant l'accent, dont nous avons parlé au n° 9. On doit donc étudier avec attention les règles qui fixent la syllabe où l'on place l'accent aigu ; et cette syllabe une fois connue, on se conformera aux quatre observations suivantes : 1ʳᵉ on prononcera sans lenteur ni précipitation les syllabes qui précèdent l'accent aigu ; 2ᵉ on appuiera sur la syllabe accentuée, en la prononçant lentement et en élevant un peu la voix ; 3ᵉ on prononcera d'une voix rapide les syllabes qui suivent l'accent : cette rapidité se fait sentir spécialement dans les *esdrújulos* ; 4ᵉ on n'accentuera qu'une syllabe dans chaque mot, quelle qu'en soit la longueur, excepté dans les adverbes en *mente*.

RÉSUMÉ DU N° 9. — *Voyelle d'appui*, marquée par ce signe (ʌ).—Règles, lorsqu'il n'est pas écrit : 1ʳᵉ et 2ᵉ pour les mots en voyelle, l'avant dernière (excepté *ia*, *ie*, *io*, *ua*, *ue*, *uo*) ; 3ᵉ pour les mots en consonne, la dernière (excepté les noms de famille en *es* ou *ez* et *antes*, *entonces*, *lejos*, *menos* et *mientras*) ; 4ᵉ pluriel comme au singulier ; 5ᵉ pour les verbes, l'avant-dernière, avec trois exceptions.

Mots aigus.

Sofá, café, alelí, papá, quizá, rubí, traspié, así, tisú, ambigu, aqui, ahí, allí, allá, acá, acullá, maná.

Corazon, holgazan, catalan, señal, ingles, incapaz, inferior, menor, panal, cordobes, sutil, mallorquin, ruin, salon, singular, ayer, mejor, atras, tambien, labor, interes.

PLURIELS. — Traspiés, cafés, sofás, papás.

VERBES. — Entraré, entrarán, comí, comerás, partió, partirá, está, estás, están, esté, estés, estén, contad, entrar, responded, subir, partis, amad, amar, dividis.

Mots graves.

Carnero, figura, enterado, cabello, española, cortesano, resplandeciente, inconstante, cama, cuarto, cocina, esperimentado, saludo, Dorotea, Manescau, bacalao, Timoteo, Muley, convoy, Masdeu, solideo, virey. — Rocío, ganzúa, desvario, filosofia, simpatia. — Cárcel, césped, cáliz, juéves, lúnes, ángel, órden, virgen, márgen, útil, fácil, jóven, apocalipsis. — Cervantes, Rodriguez, Narvaez, Argüelles, antes, entonces, lejos, menos, mientras.

PLURIELS. — Carneros, españolas, camas, bacalaos, solideos, rocios, simpatias, ganzúas, los lúnes, los viérnes, los Cervantes, los Rodriguez, los Argüelles.

VERBES. — Amamos, amo, ama, amais, temo, tema, temas, pretendes, pretendemos, partes, partieron, partan, tomaste, tomemos, defiendas, defendais, defendiese, amase, temiesen, partimos, amólo, temiónos, representemos, presentas.

Remarque.

Dans la prononciation des mots suivans, on appuie sur la

voyelle antépénultième; mais, comme les deux dernières voyelles ne font qu'une seule syllabe, on doit placer ces mots parmi les mots graves.

Línea, héroe, cutáneo, purpúreo, virgineo, — disturbio, concordia, Nicaragua, desagüe (le tréma n'est pas un accent), mutuo, perpetuo, imperio, serie.

Líneas, héroes, purpúreas, concordias, desagües, mutuas, imperios, series.

Amábais, temiais, subiríais, amáseis, temiérais, subiérais, cantáseis, perdiérais.

Mots esdrújulos.

Cámara, espiritu, círculo, tabernáculo, génesis, análisis, énfasis, discolo, ridículo.

Cámaras, espíritus, circulos, árboles, mártires, apóstoles, cárceles, cálices.

Amábamos, temíamos, subiríamos, amásemos, temiéramos, subiéremos, amáramos, amándolos, escusábanse, dijéronlo.

Dándoselo, entrégaselas, enviamela.

Monosyllabes.

Les pronombres *nos*, *los* y *las* tienen tres letras: nos tienen, los tienen, las tienen en gran cuidado. ¿En qué piensas? ¿qué haces? ¿á qué te aplicas? Dicen que piensas estudiar y que te aplicas mucho. Ha respondido que no : di-

cen que no quiere hacerlo. Esto es bueno para ti y para mi :
ven mañana á mi casa : el pronombre *lo* es monosilabo.

Si vas á paseo, sal temprano antes que se ponga el sol.
Dile que te dé el pan : la fe de cristiano : un pez de la mar.
Lo vi ayer : lo tienes tú : tu voz es clara. Ven antes que dé
la una de la tarde. Dile que si le dan el té, lo guarde para
si : no sé si se van mañana : la preposicion *de* es muy usada.

Exercice sur les Diphthongues et les Triphthongues. (Voyez le n° 7.)

On a remarqué au n° 7 que dans les diphthongues et les
triphthongues espagnols on prononce toutes les voyelles,
bien qu'on doive le faire par une seule émission de voix (¹).
C'est pour y habituer les Français que nous allons présenter
quelques exemples de mots où se trouvent deux voyelles
prononcées par une seule émission de voix, mais d'une manière très distincte.

Saavedra, contraarmiños. Raedores, saetones, caeremos.
Dábais, hay, airado, Garay, ahijado. Gabaonita, aborremos.
Causa, auto, sahumando. — Linea, bóreas, purpúrea, reac-
cion. Preeminente, reelegido, vehemente. Ley, teneis peine.

_____

(1) Quoique dans les diphthongues et les triphthongues il n'y ait qu'une
seule syllabe, il y a toujours une voyelle sur laquelle on appuie un peu
plus fortement que sur l'autre, et qui ordinairement est la dernière de la
diphthongue. Exemples : *caeremos, gabaonita, reaccion, vehemente,
reorganizar, diaconado, accionado, cocchado, cuadrado, cuociente,
coordinar.*

Purpúreo, reorganizar, térreo. Deuda, Ceuta, Europa. — Gracia, estudias, aprecian. Cielo, aprecies, estudien, siento. Precio, accion, imperio. Ciudad, viudedad, triunfante. — Coartar, coagulado. Héroe, coheredero, coechado. Soy, sois, hoy, oido, cohibir. Cohonestar, coordinar. Broun, Sousa, Couto. — Fragua, cuadrado, ardua, continua. Dueño, desagüe adecues. Ruido, cuidado, muy. Arduo, continuo, cuociente. Duuvir, duunvirato.

Fraguais, averiguais, Paraguay. Fragüeis, averigüeis, buey. Vaciais, apreciais, estudiais. Vacieis, aprecieis, estudieis.

Exercices sur la prononciation de mots de toute espèce.

Dans les exercices précédens on a donné des exemples de la prononciation dans un certain ordre. Dans celui-ci, on les donne sans suivre un ordre déterminé, afin que les élèves s'habituent à saisir la prononciation de toute espèce de mots indistinctement (¹). On a mis à la fin quelques exemples de la prononciation de la lettre *X*, pour les ouvrages où l'on trouve encore l'ancienne orthographe. On a mis aussi des exemples de mots étrangers, et de l'orthographe des éditions très anciennes.

(1) On a cru utile de mettre dans cet exercice des mots entièrement isolés, afin que l'attention de l'élève n'étant pas distraite par le sens de la phrase, ni par aucune considération, il s'attache exclusivement à bien saisir la manière de prononcer les syllabes et les mots.

Liste de mots pour cet exercice.

Aurora, hay, Benvelet, herizar, héroe, guerra, rey, Eulogio, Alcoy, guerrero, patio, leyes, pero, hicieron, Almeyda, batalla, betun, sucesos, insistiendo, restauracion, raigambre, razon, punzante, yugo, la amistad, Anjou, mayor, peinando, harpa, traigan, Leucata, coetáneo, pagué, casa, manantial, Constantino, gentiles, hombres, franceses, imperio, un hombre, asustó, pesadumbre, esfinge, usuales, conjunto, maitines, Jesus, paisano, útilmente, Holanda, causa, distraido, ahora, Paraguay, heraldo, estoy, reuma, Augusto, prudentemente, amaré, Matias, rezar, amara, lleno, heroina, furiosos, habló, injusto, columna, Cambray, indujo, oyó, persuasion, autor, amais, Meusnier, Muley, harenga, caigo, estrella, huésped, neutro, poeta, cargues, peso, llamar, perro, repentinamente, constante, tio, Ferjeo, amaría, se amaron, escoceses, en fin, la estimacion, esperiencia, acusan, pronunciando, muchisimo, leyó, tiesto, reino, Neuville, ocasion, aquello, hollin, escusaba, retiembla, conjunto, sitio, ungüento, principal, ameis, cometiese, suposicion, atiendo, Neuton, Eugenio, oido, laudes, correa, remitieron, impedimento, renunciando, mayores, compuncion, Neuchatel, queso, metiendo, parra, deidad, contratiempo, pretenderán, uncion, triunfo, amarra, asunto, oigan, ensucian, pintando, prometió, cosa, besar, Eusebio, bueyes, paso, untura, entender, contusion, nunca, soy, rebatió, infante, Sagunto, engrandecimiento, acompañados, contemplaciones.

Orthographe ancienne et mots étrangers.

Exâmen, próximo, Xátiva, exército, baxar, éxîto, próximo, embaxador, encaxar, reloxes, dexamos, exigir, axioma,
caxon, dixeron.

Açote, affable, archângel, pança, attencion, esfuerço,
physico, Joseph, occasion, approbar, tuviesse, assi, má-
china, addicion, philósophos, acéphalo (¹).

Wilson, Argow, Baruch, Inspruck, Westfalia, Breslaw,
Marasch, Forwéy, Postdam, Portsmouth, Austerlitz, We-
lesley, Lower, Hawwood, Newton, Carlostown.

(¹) Dans les éditions très anciennes, on trouve plusieurs autres ir-
régularités orthographiques. Voici les plus fréquentes :

u pour *v* — *graue, diuino, deuer, Dauid, prouer, llouer,
mouer.*

v pour *u* — *vno, vrdido.*

I pour *J* — *Iob, Iudas, Iusto, Iesus.*

n, m ou *ue* suppléée par un trait placé sur la lettre qui les précède. —
Tā, cō, mūdo, cōnū, dōde, razō, pour *tan, con,* etc. *Hōbre, alū-
brar; teplo,* pour *hombre, alumbrar,* etc. *Aunq̄, q̄, fructiq̄,* pour
aunque, que, etc.

nn pour *ñ,* — *anno, Espanna, ninno.*

cha. che, etc., pour *ca, que,* — *charo, choro.*

Tpo, orn, Xpto, et d'autres abréviations, pour *tiempo, órden,
Cristo.*

Exercices pour la prononciation du latin.

RÉSUMÉ DU N.º 10 POUR LE LATIN. — 1° on prononce l'*u* dans *gue, gni* et *que*, non pas dans *qui* ; 2° on fait sentir fortement l'accent ; 3° CH, J, LL, X, Æ, OE, tia, tie (cia, etc., franc.) *font* K, y cons. l, cs, e, e, zia, zie (zia, etc., espag.)

Chorus, júdices, ejus, capillus, dóctior, árguis, itaque, quibus, musæ, Alexánder, exércitus, audax, Európa, Ezechias, cónjugem, invénta, studére, hæc, aúdiens, dixérunt, pœnitentiam, Judæe, antíquis, patiéntur, sánguis, cháritas, illis, relinquens, reliquistis, autem, Graius, illos, scient' m, Achim, scopus, peccátum, purissima, réddere, spíritus: accusátor, abbas, appónere, asséntior, attentio, accédere, accipio, árrogans, arrídeo, annus, innováre, innúmerus, innocens, commutáre, immitis.

Exercice journalier de lettres, syllabes et mots.

SON INVARIABLE DES VOYELLES. — A, e (presqu'è), i, o, u (ou). Il est très important de s'y fixer bien.

SON SPÉCIAL DE CERTAINES LETTRES. — Cha, che, chi, cho, chu. — Ja, je, ji, jo, ju. — Za, ze, zi, zo, zu. — Az, ez, iz, oz, uz.

SONS QUI EMBARRASSENT QUELQUES PERSONNES. — Lla, lle, lli, llo, llu. — Am, em, im, om, um. — An, en, in, on, un. — Ra, re, ri, ro, ru (fort). — Ara, are, ari, aro, aru (doux).

Certaines combinaisons des lettres. — Ca, ce, ci, co, cu. — Ga, ge, gi, go, gu. — Gua, gue, guo, güe, güi. —Qua, que, qui, quo, qüe. — Axa, axe, axi, axo, axu (Ancienne orthographe). — Xa, xe, xi, xo, xu (guttural). — Axa, axe, axi, axo, axu (nouvelle orthographe). — Asa, ase, asi, aso, asu.

Accens. — Juan terminó, yo termino, el término de París. Amar, amamos, amábamos. Cantarás, cantabas, cantábais. Está, estaba, estándose.

Chocolate, muchacho, chupar, chino. — Gentil, jota, jugar, caja, gigante. — Conocer, azolar, Gomez, cazar, celos, traducir.

Asi, durmió, dormirás, amaré, valor, mortal, comed. — Mártir, apóstol, fácil, mártes, figura, escalera, sentido, amamos, iremos, estaban, salieron, tenia, amaria, paseo. — Valencia, gloria, secretario, continuo. — Apóstoles, estábamos, amándote, espíritu, cólera, números.

Franceses, sucesos, escoceses, punzante, hicieron, batalla, conjunto, Paraguay, injusto, Matias, Europa, Cambray, Feyjoo, suposicion, uncion.

Exercice pour la conversation.

La meilleure manière d'apprendre à bien prononcer une langue est de fréquenter les personnes qui la parlent bien, et surtout les naturels du pays. Ainsi tous ceux qui pourront employer ce moyen le préféreront sans doute à tout autre; mais s'ils y joignent l'étude des règles et des différens exercices qu'on a donnés dans cet ouvrage, et qu'ils les confrontent avec la prononciation des Espagnols, ils pourront la saisir avec beaucoup plus de facilité.

On donne ici l'exercice des quelques phrases choisies parmi les plus usitées dans la conversation familière. Comme elles reviennent à chaque instant, cet exercice, bien fait, contribuera beaucoup à perfectionner les élèves dans une bonne prononciation.

Buenos dias, buenas tardes, buenas noches tengan ustedes. — Téngalas usted muy buenas, señor capitan, cura, comandante; señora doña Antonia.

A los pies de usted (1), señora, señorita. — Beso á usted la mano (2), caballero.

¿Como lo pasa Vd. (3)? ¿como lo pasa la señora, la familia, el amigo don Juan? ¿están buenos en su casa de Vd? ¿en casa de su señor hermano? — Gracias á Dios, sin novedad; todos están buenos, para servir á Vd.; no hay novedad, á Dios gracias. — Me alegro mucho, infinito.

Estoy algo indispuesto; mi hermano está en cama, mi padre está malo. — Lo siento mucho. — ¿Que tiene Vd? ¿que tiene el señor don Pedro? — Tercianas; está resfriado;

____

(1) Compliment de la bonne société, que les messieurs adressent aux dames.

(2) Compliment de la bonne société : les hommes ne l'emploient pas envers les dames.

(3) *Vd.* et *Vds.* sont l'abréviation de *usted* et *ustedes.*

tiene calentura ; no es enfermedad de cuidado. — Deseo que se alivie, que se ponga bueno, que se restablezca.

Ha sabido Vd. de su familia, del señor don Agustin? — Si, ayer tuve carta suya, me dice que todos gozan de salud. — Sirvase Vd. darle espresiones de mi parte; póngame Vd. á su disposicion ; muchas espresiones, muchos recados, un recado á su hermano de Vd., á la familia, al amigo don Francisco. — Será Vd. servido, lo haré sin falta; lo estimará mucho, lo agradecerán infinito.

¿Donde vive el señor alcalde, el escribano, don José Ponce ? ¿cual es la casa de..... — Aquí vive, llame Vd. á la puerta. — ¿Quien llama? ¿quien está ahí? — Gente de paz; un servidor de Vd. — Entre Vd.; pase Vd. adelante; siéntese Vd.; tome Vd. asiento.

¿Cuando ha venido, llegado Vd? — Llegué ayer tarde, anoche, esta mañana, anteayer. — ¿Se estará Vd. aqui mucho tiempo? — No, señor, tengo que partir muy pronto. — ¿En que ha venido Vd? ¿en que va Vd? — En coche, á caballo, en posta, por el barco de vapor, por la diligencia.

Quédese Vd. á comer, á cenar, á almorzar con nosotros. — Muchísimas gracias, viva Vd. muchos años, lo agradezco infinito.

No puedo detenerme mas ; con el permiso de Vd. me tengo que marchar. — ¡Tan pronto! No se vaya Vd. tan presto; es visita de médico; es muy temprano; mucha prisa tiene Vd. — Estoy muy ocupado ; tengo mucho que hacer; tengo muy poco tiempo; me están aguardando en casa; me esperan mis compañeros. — Hasta mañana ; hasta otra vez;

quedense Vds. con Dios. — Vaya Vd. con Dios; vaya Vd. en hora buena.

¿Quiere Vd. pasearse un poco? ¿quiere Vd. venir á ver la ciudad, la plaza mayor, el paseo, la iglesia catedral, el palacio del duque, la casa del ayuntamiento? — Con mucho gusto, si el tiempo lo permite. — ¿Que tiempo hace? — Hace frio, calor, bochorno, sol, buen tiempo, mucho viento; está lloviendo; lloverá pronto; está nublado.

¿Que hora es? ¿que hora ha dado? ¿que hora tenemos? — Las siete; la una y media; las ocho; los tres cuartos para las nueve; las diez y cuarto; las doce han dado, van á dar.

¿Que dia es hoy? — Es mártes, sábado, juéves, domingo. — ¿A cuantos estamos? — A quince, á veinte y cuatro, á seis.

¿Ha venido el correo? ¿ha leido Vd. la Gaceta, el Diario, los papeles públicos? ¿que se dice? ¿que hay de nuevo? ¿que dicen las cartas de Madrid? ¿que tenemos de la Polonia? ¿tendremos la guerra? ¿á como están los fondos de Nápoles? ¿á como está el cinco por ciento?

¿Conoce Vd. al señor don Pascual? — No me acuerdo de haberlo visto jamas; pero tengo muchas noticias de él: es muy amigo de mi hermano. — ¿Sabe Vd. como se llama el caballero que ha venido con él? — No lo sé: me lo han dicho, pero no me acuerdo.

¿Que dice Vd.? no entiendo lo que Vd. quiere decir; no oigo lo que dices.

¿Cuanto valen estos zapatos, estas medias, aquel sombrero, este pantalon? — Veinte, treinta y cinco reales, seis pesetas, cuatro duros (¹). — ¿A como cuesta la vara de este lienzo, de este paño? — A veinte y cuatro cuartos, á ocho pesetas.

Avertissement sur les exercices de lecture.

On trouvera dans le *Traité de la Prononciation espagnole* (voyez la page 7) plusieurs morceaux accompagnés d'un interligne, et des notes les plus propres pour perfectionner les élèves dans cet étude. On pourra cependant s'exercer dans d'autres livres espagnols, et nous nous bornerons à leurs recommander le soin de faire sentir bien distinctement les différens repos marqués par les virgules et par les autres signes de la ponctuation. Outre que c'est une condition toujours nécessaire pour rendre la prononciation aisée et agréable, c'est encore une précaution très utile pour faire bien comprendre la phrase espagnole : autrement, le sens en deviendrait souvent obscur et parfois inintelligible, à cause de la longueur de ses périodes et de l'inversion de l'ordre grammatical des mots.

Nous leur recommandons encore d'une manière plus spéciale de s'appliquer à donner aux phrases interrogatives le ton qui leur convient, parce que le sens dépendant presque toujours du changement de ton, ces phrases prononcées dans le ton ordinaire deviendraient affirmatives.

(1) Voyez les pages 277 et suivantes de la Grammaire, où l'on explique la valeur de ces monnaies.

ARTICLE II.

EXERCICES SUR LES NOMS.

Avis préliminaire.

Lorsqu'on trouvera dans les règles plusieurs manières de rendre en espagnol les phrases ou les mots français, on doit écrire dans les thèmes toutes ces diverses tournures. Exemples : pour traduire *la mer, le diadème, les rois de Naples, Louis quinze, je veux la voir, regarde cette fleur,* etc., on écrira *el* (ou *la*) *mar, el* (ou *la*) *diadema, el rey y la reina* (ou *los reyes*) *de Nápoles, Luis quince* (ou *décimo quinto*), *mira esta* (ou *esa* ou *aquella*) *flor, quiero verla* (ou *la quiero ver*), etc.

THÈMES SUR LES ARTICLES.

RÉSUMÉ DE LA GRAMMAIRE. *El, la, lo, los, las; al, del.* — *El* (pour *la*), *ave,* etc., lorsque l'*a* est long. — EMPLOI : 1° *el señor Saez,* ou *el señor Conde* (*don* et *doña*). Au vocatif: *señor Saez,* ou *señor Conde;* 2° *Es la mas linda casa,* ou *es la casa mas linda de...; 3° trae pan, vino, cerezas* (*unas* ou *algunas cerezas*). — On supprime l'article souvent avec *casa, palacio, caza, pesca, paseo, misa,* etc., et avec *España, Normandia,* etc.

Le chien, la bouche, les yeux, les oreilles.
 Perro, boca, ojos, orejas,

Du chien, de la bouche, des yeux, des oreilles.

Au chien, à la bouche, aux yeux, aux oreilles.

Par (*por*) le chien, par la bouche, par les yeux, par les oreilles.

L'homme, l'église, l'ame, l'eau, l'aigle, l'amitié,
 hombre, iglesia, alma, agua, águila, amistad,
l'ambition, les ames, la belle ame, le rouge.
ambicion, almas, bella encarnado.

Monsieur Perez et madame Garcia sont ici. Mon-
     y   están aquí.
sieur Pierre Salas, madame Françoise Rico, made-
  Pedro   Francisca
moiselle Jeanne Saez. Monsieur le comte de las Ca-
  Juana   conde de
sas se marie avec madame la duchesse de Frias.
 se casa con   duquesa de
Monsieur le curé est très savant. Messieurs et mes-
  cura es muy sabio.

dames, je sais que monsieur le colonel arrivera de-
yo sé que coronel llegará ma-

main. Monsieur le préfet, nous avons reçu une
ñana. prefecto nosotros hemos recibido una

mauvaise nouvelle.
mala noticia.

La rue du Département est la plus large de la ville.
calle Departamento es mas ancha ciudad.

Monsieur Alcala est l'homme le plus savant de la
es hombre sabio

province. Nous irons demain à la chasse.
provincia. iremos mañana á caza.

Antoine m'a envoyé des pommes qu'il acheta hier.
Antonio me ha enviado manzanas que compró ayer.

Il nous parla de la belle maison qu'on bâtit près de
nos habló hermosa casa que se edifica cerca de

la place. Je veux acheter du pain, du vin, et de la
plaza. Yo quiero comprar pan, vino, y

viande. Il a des amis, de bons livres. Apporte-moi
carne. tiene amigos, buenos libros. Tráeme

du papier, de l'encre, une plume et de ton vin.
papel, tinta pluma, tu vino.

THÈMES SUR LES SUBSTANTIFS.

Résumé de la Grammaire. — GENRE 1° Masculins : les mâles, rivières et montagnes ; 2° féminins : les femelles, sciences, lettres et figures ; 3° féminins : *a*, *d* et *z*, et la plupart d'*umbre*, *ion*, *zon*, *tes*, *is* ; 4° masculins : les autres ; 5° mots sans singulier, comme s'ils en avaient.—Exceptions nombreuses.

PLURIEL. Voyelle brève prend un *s*. Voyelle accentuée, *y* et consonne prennent *es* : (*x* et *z* font *j* et *c*). Exceptions : *e* long, *s* bref, et papás, mamás, sofás. — Pour les titres et parens, on peut dire : *los reyes, los padres,* etc. On dit : *los Titos,* etc.

Le jaune, l'abbé, la Loire, l'alcade, le petit cheval,
amarillo, abad, Loira, alcalde, jaca,

le beau, le manger, la perdrix mâle, la souris, l'im-
bello, comer, perdiz raton, em-

pératrice, le k et le t. La Garonne, l'Etna, la bru,
peratriz, k t. Garona, Etna, nuera,

l'Esgueva, la sage-femme, l'Attila de notre siècle,
Esgueva, comadre, Atila, nuestro siglo,

l'actrice, le vert et le blanc, la Bidasoa, le pourquoi,
actriz, verde blanco, Vidasoa, por qué,

l'incomparable Isabelle.
incomparable Isabel.

L'huile, la giroflée, l'autel, l'amitié, la planète,
aceite, aleli, altar, amistad, planeta,

le lit, le riz, le pupitre, le thon, le vernis, le buis,
cama, arroz, facistol, atun, barniz, box,

le bœuf, la tête, le café, le calice, le chaos, le manteau,
buey, cabeza, café, cáliz, cáos, capa,

le caractère, la prison, le cou, le gazon, la cicatrice,
carácter, cárcel, cerviz, césped, cicatriz,

la ville, le cuivre, le chou, la comète, le convoi, la
ciudad, cobre, col, cometa, convoy,

crinière, la crise, le jour, le délai, le diocèse, le
crin, clin, crisis, dia, dilacion, diócesi,

dogme, l'ellipse, l'esprit, la Seine, le gendarme, la
dogma, elipsis, espiritu, Sena, gendarma,

suie, l'idiome, l'intérêt, le jeudi, le labour, le lait,
hollin, idioma, interes, juéves, labor, leche,

le lièvre, la lumière, le maïs, la main, la peur, le
liebre, luz, maiz, mano, miedo,

mois, la moisson, le nez, la nuée, le mur, la paix,
mes, mies, nariz, nube, pared, paz,

la crèche, la peau, le poëme, la pudeur, la racine,
pesebre, piel, poema, pudor, raiz,

le filet, le rubis, le sel, le salut, le sang, le serpent,
red, rubi, sal, salud, sangre, serpiente,

le système, le sort, le tapis, le soir, le thé, le
sistema, suerte, tapiz, tarde, té,

teint, la toux, la vieillesse, le cep (de la vigne).
tez, tos, vejez, vid

Les vivres, les matines, les prières, la cour, le
víveres, maitines, preces, corte,
pont, la poix, les obsèques, le sucre, la coupe, le
puente, pez, exequias, azúcar, corte,
poisson, le diadème, la mer, le trépied, l'incompa-
pez, diadema, mar, trévedes, incompa-
rable Cadix, les complies, le dessus du drap, la mer
rable Cádiz, completas, haz paño, mar
Pacifique, le canal, l'ordre du général, le courrier
Pacífico, canal, órden general, parte
d'Aranjuez, la pleine mer, l'ordre de saint François,
Aranjuez, plea mar, órden de san Francisco,
la partie principale, l'accroissement du blé, le fagot
parte principal, creces trigo, haz
de bois.
de leña.

Les huiles, les giroflées, les autels, etc.

*On fera ce thème sur les deux précédens
en mettant au pluriel tous les noms qu'on y a
détaillés. En employant l'article* los *pour le
masculin et l'article* las *pour le féminin, on*

aura une répétition du thème précédent sur le
genre des noms.

Le roi et la reine de Naples. Le père et la mère de
rey   reina   Nápoles.   padre   madre
Sanchez. Le colonel du régiment et sa femme. Le
coronel   regimiento   su   muger.
comte de Fuentes et sa femme. Le duc et la duchesse
conde   duque   duquesa
de Frias. Dans Homère nous voyons les Hector, les
En   Homero   vemos á (¹) Hector,
Patrocle, les Agamemnon.
Patroclo,   Agamenon.

RÉPÉTITION DES THÈMES PRÉCÉDENS.

*Il est très utile d'exercer les élèves à rendre
en espagnol, sur-le-champ et sans aucune pré-
paration, les mêmes thèmes qu'ils ont traduits et écrits précédemment. C'est une manière très commode et très avantageuse d'ap-
précier leurs progrès et leur application, et
de les engager à repasser les règles de la Grammaire. Les thèmes que nous allons donner les*

(¹) On ajoute la préposition *á* devant le régime direct, lorsqu'il si-
gnifie un être doué de la raison. Voyez le n° 72.

mettront dans la nécessité de faire cet exercice de révision des règles.

ARTICLES. — Le sublime et le ridicule, l'eau de la
sublime   ridiculo,   agua

rivière, l'aile droite, les ames. — MM. Vera et Solo
rio,   a la   derecha.

sont des écrivains célèbres. Monsieur le duc de Hijar
son   escritor célebre.   duque

et Monsieur François Péralta. Londres est la ville la
Francisco   ciudad

plus considérable de l'Europe. J'achèterai de l'encre
Europa.   Yo compraré   tinta

et des plumes ; il prit du papier qui était sur la
pluma ;   toma   papel   que estaba sobre

table.
mesa.

GENRE. — L'art, la brute, la chaux, le climat, la
arte,   bruto,   cal,   clima,

croix, la Loire, l'image, la nuance, le miel, le mû-
cruz,   Loira, imágen,   matiz,   miel,   mo-

rier, le nom, la planète, le pont, le signe, le système,
ral, nombre, planeta, puente, signo señal, sistema,

la tribu, le verger, une fois, le vendredi.
tribu,   vergel,   vez,   viérnes.

Pluriel.— Monsieur le duc et madame la duchesse
duque *duquesa*

de Gandia. Les Fénelon et les Bourdaloue honorent
Burdalue *honran*

le siècle de Louis quatorze. Le père et la mère de
siglo *Luis* *catorce.* *padre* *madre*

François m'attendent.
me aguardan.

THÈMES SUR LES ADJECTIFS.

Résumé de la Grammaire. — FÉMININ. *O, ote, ete :*
en *a.* — *Dor, tor, an* et *on,* prennent un *a*; les autres restent invariables, excepté les noms des villes ou pays en
consonne.

PERTE DE LETTRES. Au singulier : 1° *uno, alguno,
ninguno, bueno, malo, primero* et *postrero,* suivis de leur
substantif; 2° *santo,* devant les noms propres, excepté *Domingo, Tomas, Tomé* et *Toribio*; 3° *ciento,* suivi de *mil* ou
millones, ou d'un substantif; 4° *grande,* devant un substantif, surtout s'il commence par une consonne.

Un objet aigre, antérieur, cramoisi, destructeur,
Un objeto agrio, anterior, carmesi, destructor,

léger, uni, plus grand, meilleur, moindre, mobile,
leve, llano, mayor, mejor, menor, móvil,

naturel, partiel, pire, régulier, vil, menaçant, triste,
natural, parcial, peor, regular, ruin, amenazador, triste,

turquin, utile, protecteur.
turquí, útil, protector.

Un homme andaloux, arabe, frippon, célèbre, bâ-
Un hombre andaluz, árabe, bribon, célebre, co-
freur, de Cordoue, courtois, scythe, écossais, espa-
milon, cordobes, cortes, escita, escoces, espa-
gnol, galant, glouton, fainéant, hollandais,
ñol galan, gloton, haragan, holgazan, hollandes,
jeune, moscovite, parisien, prudent, traître.
jóven, moscovita, parisiense, prudente, traidor.

Une chose aigre, antérieure, cramoisie, etc.
Una cosa

Une femme andalouse, arabe, etc.
Una muger

On continuera à mettre le féminin des au-
tres adjectifs; ensuite on mettra le pluriel,
tant le masculin que le féminin, de tous les
adjectifs.

On mettra désormais dans l'interligne tous
les noms au singulier, et dans les adjectifs on
mettra toujours la terminaison masculine: c'est
à l'élève à employer le pluriel et le féminin,

lorsque la phrase le demandera, d'après les règles qu'il a déjà étudiées.

Saint Pierre fut le premier des Apôtres, et saint
Pedro fué *Apóstol,*

Étienne le premier martyr de Jésus-Christ. Saint
Estéban *mártir* *Jesu · Cristo.*

Paul est un grand saint. Sainte-Thérèse et saint Jean
Pablo *Teresa* *Juan*

de la Croix. Les ennemis ont perdu dans la guerre
Cruz. *enemigo han perdido en* *guerra*

cent mille hommes, trois cents canons, cent qua-
hombre, *tres* *cañon,* *,cua-*

rante navires, cent millions d'écus et cent lieues de
renta navio, *millon escudo* *legua*

terrain. François premier, roi de France, était un
terreno. Francisco *rey Francia, era*

grand général. Pierre est un grand ami de Jean,
general. Pedro es *amigo Juan.*

Il a une belle ame, et de grandes connaissances. Un
tiene · hermosa *conocimiento.*

homme juste ne fut jamais un mauvais citoyen.
hombre justo no fué nunca *ciudadano.*

THÈMES SUR LES COMPARATIFS.

Résumé de la Grammaire. — COMPARATIFS d'égalité. Premier membre : *tan*, avec les adjectifs et adverbes ; *tanto*, avec les verbes ; *tanto, a, os, as*, avec les substantifs ; — 2ᵉ membre, *como* (les verbes admettent *cuanto*). En signifiant *à tel point que*, on traduit *que*.

COMPARATIFS de supériorité, etc. : *mas, menos que*. On supprime : 1° le *de* (excepté si l'on exprime un nombre) ; 2° le *ne* du 2ᵉ membre. On n'a égard qu'au dernier comparatif. — *Plus, moins*, en rapport dans deux membres de la phrase : *cuanto mas, tanto menos*, avec accord et inversion.

Monsieur Antoine Salas est aussi savant que Mon-
   Antonio   *sabio*

sieur Vazquez, mais il n'a pas tant de connaissances
   pero no tiene   *conocimiento*

que son frère : il sera récompensé autant qu'il le
 su hermano : *será recompensado*

mérite. La vertu est si aimable que tous la louent.
merece. *virtud*   *amable*   *todo* *alaban.*

Elle nous rend plus heureux que les richesses. Le
  nos hace   *feliz*   *riqueza.*

pauvre est moins malheureux que le criminel. La
  pobre   *infeliz*   *criminal.*

France a plus d'habitans que l'Espagne : elle a plus
 tiene   *habitante*   *España :*

de trente millions d'ames. Il y a dans les hommes
treinta   millon   alma.   hay en   hombre.

plus de vertus que tu ne crois. Moins les hommes ont
virtud   crees.   tienen

de richesses, plus le monde les méprise. Plus les états
mundo   desprecia.   estado

ont de guerres, moins les sujets sont heureux.
guerra,   súbdito son   feliz.

Plus les hommes possèdent de richesses, plus ils
poseer   riqueza,

sont exposés à devenir orgueilleux. Plus les nations
están espuesto   hacerse   orgulloso.

avancent dans la civilisation, moins elles sont sujettes
adelantar   están   sujeto

à de violentes révolutions. Moins les mœurs sont
costumbre están

corrompues, plus les hommes sont heureux. Plus je
corrompido,   son   yo

lis ta lettre, plus elle me cause de la peine.
leo tu carta,   me causa   pena.

La prudence est aussi rare et plus estimable que
prudencia   raro   estimable

la valeur. La justice est plus estimable et aussi rare
valor   justicia

que la constance. Soyez plus sages et plus réservés.
constancia. Sed prudente reservado.

THÈMES SUR LES SUPERLATIFS.

Formez le superlatif en ISIMO *des adjectifs suivans.*

Résumé de la Grammaire. — ISIMO ajouté à la consonne ou remplaçant la voyelle, excepté *ble, co, go, z, bueno, fiel, fuerte.*—Benéfico, etc., celebérrimo, etc., ardiente, etc., limpio, etc. — Antiguo, iniquo, nuevo, sagrado, y sabio. Il exagère beaucoup,

Dans les superlatifs relatifs, suppression de l'article et emploi de l'indicatif.

Très large, très ancien, très ardent, très bien-
ancho, antiguo, ardiente, bené-
faisant, très capable, très clair, très commun, très
fico, capaz, claro, comun,
constant, très ferme, très faible, très frais, très fort,
constante, firme, flaco, fresco, fuerte,
très infidèle, très inique, très juste, très propre,
infiel, inicuo, justo, limpio,
très sot, très nouveau, très obéissant, très pur, très
tonto necio, nuevo, obediente, puro,
gros, très riche, très savant, très sensible, très sale,
grueso, rico, sabio, sensible, sucio,

très subtil, très aimable, très vague, très vaillant,
    sutil,   *amable,*   *vago,*   *valiente,*

très véloce.
    veloz

La Seine est la rivière la plus considérable de la
    Sena   *rio*   *considerable*

Normandie. La justice est toujours le parti le moins
Normandia.   *siempre*   *partido*

dangereux que nous puissions prendre.
peligroso   *podemos*   *tomar.*

THÈMES SUR LES NOMS NUMÉRAUX.

CARDINAUX. *Una, doscientas,* etc. Chaque division
milliaire admet l'*y*. ORDINAUX : *décimo octavo, vigésimo
sesto,* etc. On dit : *Pio octavo, Luis* ou *libro catorce* ou *décimo cuarto,* etc. *Vino á las tres, vino en tres horas.*
Notes sur *tarde, noche, las doce,* et *de* de dates.

Un homme et une femme, vingt soldats, cent cin-
    hombre   *muger,*   *soldado,*

quante chevaux, huit cents personnes, deux cent
    caballo,   *persona,*

mille trois cent vingt francs, quatre cent soixante
                franco,

brebis, cinq millions, cent millions, quarante-deux
oveja,   *millon,*

livres, cent vingt-deux mille réaux, Charles qua-
libra,   *real.*   *Cárlos*

tre, Louis dix-huit, Benoît quatorze, le cent vingt-
    Luis   *Benedicto*

deuxième livre ; vois le chapitre vingt-quatre ; j'ai
      libro ; *vé*   *capítulo*   *he*

lu le trente-sixième livre ; il arriva à trois heures,
leido   *llegó*

à quatre heures du soir, à onze du soir ; il est cinq
heures et demie, nous dînerons à midi ; il arriva à
                  comeremos

minuit; il étudie dix heures par jour ; Paris, 11 no-
      estudia   *por dia* ;

vembre 1827.

RÉPÉTITION DES THÈMES PRÉCÉDENS.

Adjectifs. — Homme capable, illustre, français,
        Hombre   *capaz,*   *ilustre,*   *frances,*

parleur, anglais, italien, de Majorque, obéissant,
hablador, *ingles,* *italiano,*   *mallorquin,* *obediente,*

mesquin, sec, sale, subtil; une femme capable, il-
ruin,   *seco, sucio, sutil;*   *muger*

lustre, française, parleuse, anglaise, italienne, de
Majorque, obéissante, mesquine, sèche, sale, subtile.

— Saint Thomas, saint Léon, saint Clément, saint
     Tomas,   *Leon,*   *Clemente,*

Dominique ; cent soldats, deux cents personnes, cent
Domingo ; *soldado,* *persona,*

cinquante francs ; un grand roi, une grande reine,
franco ; *rey,* *reina,*

le premier ministre, un bon juge, Ferdinand premier,
ministro, *juez,* *Fernando*

sainte Anne.
Ana.

COMPARATIFS. — La prudence est aussi digne d'es-
prudencia es *digno es-*

time que la science ; il parle si haut qu'il m'étourdit ;
timacion *ciencia ;* *habla* *alto* *me aturde ;*

la vertu a moins d'éclat que les honneurs ; Paris a
virtud tiene *brillo* *honor :*

plus de huit cent mille habitans, c'est la ville la plus
habitante, *ciudad*

grande de la France ; Lyon a plus d'habitans que
Francia ; Leon de Francia

Nantes ; plus les hommes ont de vertus, plus ils doi-
hombre tienen *de-*

vent être modestes.
ben ser modesto.

SUPERLATIFS. — Très affable, très amer, très bon,
afable, *amargo,* *bueno ;*

très fidèle, très froid, très long, très pâle, très ma-
fiel, *frio,* *largo,* *pálido,* *mag-*

gnifique, très peu, très court, très utile. — Le fran-
nifico,   poco,   corto,   útil.   fran-

çais est la langue la plus répandue dans l'Europe ; la
cés es   lengua   esparcida en   Europa ;

charité est la vertu qu'il exerce le plus souvent.
caridad   virtad que ejercita   frecuentemente.

Noms numéraux. — Trois cent soixante-sept famil-
                                                fami-

les ; quatre cent soixante-treize mille huit cent vingt-
lia,

deux réaux ; Ferdinand sept, le quinzième livre, à
real ;   Fernando   libro ;

minuit ; je me lève à cinq heures, j'étudie trois
me levanto   estudio

heures.

ARTICLE III.

EXERCICES SUR LES PRONOMS.

THÈMES SUR LES PRONOMS PERSONNELS.

Résumé de la Grammaire. — PRONOMS personnels :
Yo, me, me, mi ; tu, te, te, ti ; el, le, (lo), le, él ; ella, la,

le, (la), ella; elló, lo, le, ello : nosotros (as), nós, nos, nosotros (as); vosotros (as), os, os, vosotros (as); ellos, los, les, ellos; ellas, las, les, ellas. — Se, se, sí. — Conmigo, contigo, consigo.

Quelquefois on emploie, en parlant d'une seule personne, *nos* et *vos* ; mais non *nosotros* ni *vosotros*.

Lui, eux, etc., en régime et rapportés au sujet : on dit *sí*. — Lui, leur joints à le, la, les : on dit *se*.

Je veux aller avec toi, ou avec lui. Ils nous calom-
quiero ir con ó calum-
nient, mais nous leur pardonnerons s'ils l'avouent.
nian, pero perdonaremos confiesan.
Jean se moque de vous; il se moque de lui-même;
Juan burla
elles se moquent de lui; elles-mêmes l'ont dit. Nous
burlan han dicho.
lui dirons ce qui arriva hier, mais nous ne le lui di-
diremos lo que sucedió ayer, pero
rons pas à présent. Il m'a donné un livre, je le lui
ahora. ha dado
rendrai demain. Viens avec moi.
volveré mañana. Ven

Pronoms EN et Y.

Résumé de la Grammaire. — A la place de EN et Y

mettez : 1° le pronom ou l'adverbe remplacés ; 2₀ ou *su*,
sus ; 3° ou *le, la, les*, etc. ; 4° ou supprimez-les.

Le prince est arrivé ; le peuple en parle avec en-
   principe ha llegado ;   *pueblo   habla con en-*
thousiasme. Le travail est très utile ; nous nous y
  tusiasmo.   *trabajo   útil ;*
habituons. La campagne est plus saine que la ville ;
habituamos.   *campo   sano   ciudad ;*
je veux y demeurer. Je te donnerai le Don Quichotte
  quiero   vivir.   *daré   Quijote*
si tu en as besoin. La guerre est dangereuse ; avant
    necesidad.   *guerra es peligroso ;*   *antes*
d'y aller, songes-y bien. On vend des livres à la
de ir,   piensa bien. Se venden   libros en
place, je veux y aller pour en acheter.
plaza, quiero   para   comprar.

J'ai parcouru la ville, et j'en ai trouvé les maisons
  he recorrido ciudad,   *he hallado*
très belles. Agis en bon citoyen. Il est déjà vieux,
    Obra   ciudadano.   *es ya viejo,*
mais il n'en est pas moins turbulent. En parlant de
                      hablando
Jean, vous en fîtes un grand éloge. Il demeure en
    hiciste   *elogio.*   *vive*
chambre garnie. Il aimait ses cousins ; mais il ne
cuarto amueblado. amaba   primo ; pero

pouvait oublier les injures qu'il en avait reçues. Les
podia   *injurias*   *habia recibido.*

chevaux lui ont plu, il en a acheté trois. Paris est
caballo han agradado,   *ha comprado*   *está*

tranquille, mon frère en vient, et il me l'a assuré.
      mi hermano   *viene,*   *asegurado.*

Les honneurs nous éblouissent, mais nous n'y
      alucinan,   *pero*

trouvons pas le calme que produit la vertu. Si vous
hallamos   *calma*   *produce*

vous adonnez à l'étude de la nature, vous y trouve-
      dais   *estudio*   *naturaleza,*   *halla-*

rez un grand plaisir. Venez avec moi à Madrid, vous
reis   *placer. Venid*

y trouverez la sœur du Ministre.
      hermana.

Pronom VOUS.

Résumé de la Grammaire. — Vous : 1° *usted, ustedes, vuestra Alteza,* etc., avec régime et accord (souvent masculin) de la troisième personne ; 2° *le, la, les, los, las* ; 3° *vos* en parlant à Dieu, aux saints, aux princes, pour les temps anciens, etc. Votre, vos ; *su, sus.*

Il est bon de refaire la phrase française, en y employant *votre merci,* ou *Altesse,* etc., et non pas *vos, vos, votre.* Au vocatif : *Serenisimo Señor,* etc. Voyez à la pag. 59 les divers titres qu'on donne aux diverses personnes.

Monseigneur le Cardinal, j'ai lu attentivement vo-
Cardenal, he leido atentamente

re lettre d'hier que votre secrétaire m'a envoyée, et
carta de ayer   *enviado,*

je vous prie... Monsieur le Colonel, je prends la li-
suplico...   *tomo*

berté de vous adresser l'exposé ci-joint, en vous
dirigir esposicion adjunta,

priant de le remettre à votre cousin le duc de.....
rogando que remita

Mon Dieu, je reconnais que vous m'avez comblé de
Dios mio   *reconozco*   *habeis* ou *has colmado*

bienfaits, et que votre miséricorde...
beneficio,

Monseigneur (1), j'espère que vous m'accorderez la
espero que   *concederá*

grâce que je vous demande. Votre Excellence est
gracia que   *pido,*   *está*

bien instruite de mon affaire : accordez-moi votre
bien informado de mi asunto: dispense

(1) On choisira les mots convenables suivant que l'on parlera à un Prince, à un Ministre, à un Évêque, etc. Ce langage d'étiquette devient de jour en jour moins usité.

protection. Monsieur (¹), je vous écris ce que votre
proteccion.   escribo lo que

frère m'a raconté ; il attend que vous lui donniez
hermano ha referido ;   aguarda que   dé

votre avis. Mes nièces, écrivez à votre père. Français,
parecer. Sobrinas mias, escribid á   padre. Franceses,

conservez votre gloire. Télémaque disait à Mentor :
conservad   gloria.   decia

Où   allez-vous ? voulez-vous m'abandonner ? où
donde   vais?   quereis

irai-je sans vous? Mes nièces, soyez modestes.
iré   sin

Place des Pronoms.

Résumé de la Grammaire. — Pronoms en régime de
l'infinitif, gérondif et impératif se collent après.—*Le, la, los,*
suivent les autres. — *Se* précède *me, le, nos* et *os* ; non
pas *le.*

Nous devons nous défendre de nos ennemis. Ecris-
Debemos   defender   nuestro enemigo. Escribe

lui demain, je lui écrirai après. Je désire le voir, et
mañana,   escribiré despues. Deseo   ver,

(¹) On choisira les mots convenables, suivant que l'on parlera à un
Colonel, à un Comte, etc., ou à un particulier.

je le verrai bientôt. En (¹) te défendant de nos en-
    veré   pronto.   *defendiendo nuestro ene-*
nemis, garde-toi de les haïr. Prête-moi de l'argent,
migo, guarda   de   aborrecer. Presta   dinero,
je te le rendrai demain; je ne peux te le refuser.
    volveré   no puedo   rehusar,
Donne-lui ce qu'il te demande; s'il ne te le rend
  Da   lo que   pide;   vuelve
pas (¹), je promets de (¹) te le rendre.
      prometo   volver.

Répétition ou suppression des Pronoms.

Résumé de la Grammaire. — PRONOM sujet, on le
supprime. PRONOM en régime, souvent on le répète.

J'ai dit que tu le feras. Pierre et moi nous irons.
Te dicho que   harás. Pedro   iremos.
Si tu ne veux pas (¹) y aller, j'irai. Jean a envoyé
Si   no quieres   ir,   i. e. Juan ha enviado
une lettre à son frère. Il mangea les cerises. J'écrivis
carta á su hermano.   comió   cereza.   escribí
à Pierre.
á Pedro.

(1) On ne rende pas les mots *en*, *pas*, *de*.

THÈMES SUR LES AUTRES PRONOMS.

RÉSUMÉ DE LA GRAMMAIRE. — PRONOMS possessifs.
Elio, tuyo, suyo, nuestro, vuestro, suyo, mios, tuyos, su-
yos, etc. Devant leur substantif on dit : *mi, tu, su, mis,*
tus, sus.

PRONOMS démonstratifs. — CELUI-CI, *este*; CELUI-LA,
ese ou *aquel. Este*, près de moi ou le dernier nommé ; *ese*,
près de toi ou le nommé par toi ; *aquel*, loin de nous ou le
premier nommé ; CELUI QUI, *el* (ou *aquel*) *que* ; CELUI DE, *el*
(ou *aquel*) *de* ; CE avec ÊTRE. (Voyez pag. 112.)

Ma tante et mes sœurs m'ont parlé de ton jardin.
    tia   *hermana han hablado de*   *jardin.*

Elles m'ont dit qu'il est plus beau que le leur et que
        dicho que es   *hermoso*

le mien. Mon ami, j'ai vu (') votre frère et vos nièces
      Amigo, he visto á   *hermano y á* *sobrina*

se promener dans leur parc. Tes livres sont plus
   pasear   *en*   *parque.*   *libro*   *son*

beaux que les miens, mais les miens sont mieux re-
hermoso   *pero*   *están mejor encua-*

liés que les tiens. Mon cher ami, sois sage. Mes
dernado   *querido*   *sé prudente.*

(') Voyez la note de la page 35.

enfans, j'ai reçu votre lettre ; écrivez-moi plus sou-
hijo, he recibido   carta ; escribid   frecuen-

vent.
temente.

Donne-moi ce livre *(celui que tu as à la 'main).*
Da

Prends cette plume *(celle que j'ai).* Apporte-moi cette
Toma   pluma   Trae

fleur *(celle qui est au jarain et qu'on montre de loin).*
flor

Prends ce chapeau, et donne-moi celui-là. Apportez
sombrero   da

cette chaise.
silla.

Ces hommes sont les mêmes que nous vîmes hier.
hombre   son   mismo   que   vimos ayer.

Ces réflexions sont solides. Ces réop nes ne sont pas
reflexion   son sólido.   respuesta no

satisfaisantes *(on doit varier les pronoms espagnols*
satisfactorio.

selon les différens cas).

Ceux qui abandonnent la vertu sont malheureux.
abandonan   virtud   infeliz.

Ce qui le soutient est la paix d'une bonne conscience.
sostiene es paz buena conciencia.

Veux-tu ce livre? Non : je veux celui dont tu m'as
Quieres No : quiero de que has

parlé ce matin, ou celui de Pierre.
hablado mañana, ó

C'est un malheur que d'être emporté. Qui est-ce
desgracia el ser violento.

qui vous l'a raconté? C'est votre frère. Ce sont mes
ha contado? son

cousines. Est-ce que vous le croyez? Ce fut à Madrid
prima. cree?

que cela arriva. Ce sont de faux amis que ses frères.
donde sucedió. falso amigo

C'est à sa belle-sœur que vous devez parler.
cuñada debe hablar.

Ce sont de fausses nouvelles. Tu t'étonnes de ce que
noticia. admiras

son père l'ait abandonné. Ce sera le mois de mai que
haya sera mes de mayo cuando

nous irons à Paris. Ce fut sa femme qui me l'écrivit.
iremos muger escribió.

Comptez sur ce que je vous ai promis. Est-ce que tu
Cuente prometido.

ne le savais pas? C'était trop tard. Ce sont ses
sabias *era* *muy tarde.*

jardins.
jardin.

Résumé des Pronoms relatifs. — QUI, QUE, QUOI, se
rend *que*; — QUEL, *cual, cuales.* Dans la phrase alternative
supprimez l'article; — QUI, LEQUEL, CELUI QUI, avec des
personnes, se rendent *quien, quienes* sans articles; — DONT,
DUQUEL, avec deux substantifs, se rendent *cuyo, a, os, as,*
placé entre les deux. On l'accorde avec le deuxième substantif, et celui-ci ne porte pas d'article.

PRONOMS admiratifs et interrogatifs. — QUE, QUOI (*et
QUEL,* suivi immédiatement d'un substantif), *que;* — QUI
(*et quel,* suivi immédiatement d'un verbe et rapporté à des
personnes), *quien;* — QUEL, rapporté à des choses, *cual,* —
A QUI SONT, *de quien* ou *cuyos son.*

Nous devons aimer Dieu qui nous a donné l'être,
Debemos amar á Dios. *dado ser,*

dont les bienfaits sont innombrables, et à qui nous
beneficio son *innumerable,*

devons tout ce que nous avons. Je connais les dames
todo *tenemos.* *Conozco á señora.*

avec qui tu parlais hier; les messieurs dont tu me
con *hablabas ayer;* *señor*

parles, et dont tu loues la générosité.
hablas, *alabas generosidad.*

Quelle est votre maison? De quelle ville parlez-
          casa?   *ciudad hablais?*

vous? Laquelle de ces deux fleurs préfères-tu? Quels
         des   *flor*   *prefieres?*

sont ces messieurs qui te saluent? Quelles sont les
son   *señor*   *saludan?*

dames qui sont au balcon? A qui sont ces jardins?
señora   *están en el balcon?*   *son*   *jardin?*

A qui est cette chambre? Quelle prudence! quel
         cuarto?   *prudencia!*

palais!
palacio!

RÉSUMÉ DE LA GRAMMAIRE. — PRONOMS indéfinis. —
Avec les négatifs, placés après le verbe, on ajoute *no* avant
celui-ci. — ON, se rend, 1° *uno, alguno, el hombre*; 2° *no-*
sotros; 3° troisième personne du pluriel sans sujet; 4° *se*
avec accord. — AUTRUI, *otro, otros*; d'AUTRUI, *ageno, a,*
os, as. — QUELQUE, *alguno.* POUR A QUELQUE POINT QUE,
avec des adjectifs et adverbes; *por... que, por mas... que*;
avec des substantifs, *cualquiera que*; si l'on exprime l'idée
de nombreux, *por mas... que, por mucho (a, os, as)... que.*
— MÊME, *mismo (a, os, as)*; parfois, *aun, hasta.*

Personne n'a ce droit. Le juge ne doit accuser
      tiene derecho.   *juez*   *debe acusar á*

personne. Aucune vertu n'est plus noble que la cha-
          virtud   *mas noble*   *ca-*

rité. Nulle guerre n'est plus cruelle que celle-ci. Il
ridad. *guerra* *cruel*

n'y a rien de plus honteux que le mensonge. Le
hay nada *vergonzoso* *mentira.*

méchant n'est jamais estimé. Ce contrat est nul : ces
malo *estimado.* *contrato*

lois sont nulles. Nul crime n'est plus odieux que la
ley son *crimen* *odioso*

trahison.
traicion.

On parle beaucoup de la guerre. Lorsqu'on ment
habla *mucho* *Cuando miente*

souvent, on perd le droit d'être cru. On répand des
frecuentemente, pierde derecho de ser creido. *esparcen*

doctrines dangereuses. Chaque nation défend ses
doctrina *peligrosa.* *nacion defiende*

droits. Chacun cherche son intérêt, et néglige celui
busca *interes,* *descuida el*

d'autrui. Chacune des provinces avait des lois spé-
provincia *tenia* *ley espe-*

ciales. Quelque puissant que tu sois, quelques ri-
cial. *poderoso* *seas,* *ri-*

chesses que tu aies, quelles que soient tes dignités,
queza *tengas,* *sean* *dignidad,*

ne méprise qui que ce soit. Quoi que tu fasses, tu
desprecies á *hagas,*

seras malheureux, si tu es méchant. Il ne cache quoi
serás   infeliz,   eres malo.   oculta

que ce soit à son père ; il envie le bien d'autrui. Les
padre ;   envidia   bien

mêmes causes produisent les mêmes effets : les rois
causa   producen   efecto :   rey

mêmes sont exposés aux caprices de la fortune. Les
están espuesto   capricho

honnêtes gens et mêmes les libertins respectent la
gente honrada   libertino   respetan

vertu. Le général a tout abandonné : lui-même l'a
abandonado :

avoué.
confesado.

THÈMES DE RÉPÉTITION.

Pierre nous parla hier : il vous donna mon livre.
habló ayer :   dió   libre.

Votre cousin a vu ma sœur : celle-ci lui a dit que
primo ha visto á hermana :   'diche

nous étions avec toi. Allez dans la salle : j'y vais dans
estábamos   Id   á   sala :   voy en

l'instant. Tu veux te promener dans la cour : tu t'y
instante.   Quieres   pasear   en   patio :

promèneras demain. Son travail est pénible, mais il
pasearás   mañana.   trabajo es   penoso,   pero

s'y accoutumera. Il le fit sans y penser. Si tu vas au
acostumbrará. *Hizo* *sin* *pensar.* *vas* *al*

jardin, tu m'y attendras. Il a eu la fièvre jaune, et il
jardin, *aguardarás.* *tenido fievre amarillo,*

en est mort. Il a de la facilité pour la musique, et il
ha muerto. Tiene *facilidad para* *música,*

en a aussi pour le dessin. Monsieur le duc de Hijar,
tambien *dibujo.* *duque*

je compte sur votre protection.
cuento sobre *proteccion.*

Qui est ton maître? — Monsieur Salas. — Qui est-
es *maestro?*

ce monsieur? — C'est mon cousin. Qu'est-il? Il est
primo.

curé. — Qui sont ces dames? — Ce sont mes nièces.
son *señora?* *sobrina,*

— Que veulent-elles? — Elles viennent vous parler
quieren *vienen á hablar*

de leur procès. — Quelles beautés nous offre le prin-
pleito. *belleza* *ofrece pri-*

temps! On lui promet une place dont il connaît déjà
mavera! *promete empleo* *conoce ya*

l'importance. Rien ne contente celui qui n'a aucune
importancia. *contenta á tiene*

espérance de vivre. Quelque cruelle que soit une
esperanza de vivir.   *cruel*   *sea*

maladie, on la préfère à la mort. On publie des fa-
enfermedad,   *muerte. publica*   *fá-*

bles : on se trompe facilement dans ses affaires.
bula :   *engaña*   *asunto.*

ARTICLE IV.

EXERCICES SUR LES CONJUGAISONS.

Verbes auxiliaires et réguliers.

(Voyez le n° 44.)

Avoir — (*haber*), vous eûtes, ils auront, que vous ayez,
elles auraient, tu avais, j'eusse. Être (*ser*), nous étions, je
serais, tu es, que tu fusses, soyons, tu seras, qu'elles
soient, soyez, ayant été, avoir été, vous avez été.

(1) L'élève doit apprendre par cœur au moins les trois conjugaisons
régulières et celles des verbes *haber* et *ser*, et s'exercer à conjuguer
d'autres verbes réguliers et irréguliers.

Chanter (*cantar*), nous chantâmes, ils chanteraient, chan-tons. — Répondre (*responder*), tu répondras, vous répon-dîtes, répondez, qu'ils répondent, nous répondrons, que je répondisse. — Souffrir (*sufrir*), elle souffre, je souffrirai, souffrons, vous souffrez, qu'ils souffrissent.

RÉSUMÉ DES NOTES. — 1re Irrégularité orthographique des verbes terminés en *car, cer, cir, gar, ger, gir, guar, guir* (*u* sans tréma), *quir* et *zar*; — 2e on supprime l'*s* de *mos*, avant *nos* et *os*, et le *d* de *ad, ed, id* avant *os*; — 3e on emploie toujours *haber*, et jamais *ser*, pour former les temps composés.

Protéger (*proteger*), il protégea, protégeons, je protège, que vous protégiez. — Exercer (*ejercer*), nous exercerions, que vous exerciez, j'exerce, exerçons-nous. — Payer (*pagar*), payez, payons, je payai, tu paieras, qu'il paie. — Chasser (*cazar*), je chassais, tu chassais, chassons, qu'ils chassent, nous chassons. — Pacifier (*apaciguar*), tu pacifies, pacifions, je pacifiai, pacifiez-vous.

Nous avons chanté, ils avaient répondu, elles auront souf-fert, vous vous êtes exercées, ils se sont protégés, elle est montée, ils étaient arrivés, nous sommes protégés par les lois, elle sera payée.

THÈMES SUR LES CONJUGAISONS IRRÉGULIÈRES.

Première, deuxième et troisième classes.

(Voyez les n°s 46, 47, 48 et 49, et le Tableau de conjugaisons à la fin du volume.)

Nier (*negar*), vous niez, ils nient, nions, que tu nies. — Allumer (*encender*), ils allument, nous allumerons, tu allumes, qu'elle allume, allumons. — Discerner (*discernir*), discernons, tu discernes, qu'ils discernent, je discerne, je discernai. — Gouverner (*gobernàr*), tu gouvernes, gouvernez, qu'il gouverne. — Étendre (*estender*), j'étendrai, j'étends, que tu étendes.

Conter (*contar*), tu contes, contons, ils content, qu'elle conte. — Rendre (*volver*), je rends, rendez, rendu, qu'ils rendent, il rend. — Prier (*rogar*), je prie, nous prions, il prie, que tu pries.

Connaître (*conocer*), je connais, il connaît, que tu connaisses, qu'ils connaissent. — Reluire (*relucir*), il reluit, qu'il reluise, qu'elles reluisent, il reluira.

Quatrième, cinquième, sixième et septième classes.

(Voyez les n°s 50, 51, 52 et 53, et le Tableau des conjugaisons.)

Mesurer (*medir*), en mesurant, je mesurais, il mesura, tu

mesures, nous mesurons, mesurons, mesurez, que vous me-
suriez, il mesurera, qu'il mesurât. — Servir (*servir*), ils ser-
virent, ils serviront, je sers, je servais, que tu serves, qu'il
servît, ils servent, tu serviras.

Préférer (*preferir*), en préférant, nous préférons, ils pré-
fèrent, tu préféras, il préféra, je préférerai, que je préfé-
rasse, préférons, préférez, que tu préfères, tu préférais. —
Mentir (*mentir*), tu mens, vous mentez, je mentis, ils men-
tirent, que vous mentiez, qu'il mentît, il mentait, ils men-
tirent, ils mentiront, en mentant.

Distribuer (*distribuir*), je distribue, je distribuais, il dis-
tribua, il distribuera, nous distribuons, distribuons, en dis-
tribuant, ils distribuent, ils distribueront, qu'il distribuât,
que tu distribues, tu distribuais, qu'ils distribuent, ils dis-
tribuaient. — Diminuer (*disminuir*), en diminuant, tu diminues, il diminuait, il diminua, diminuons, diminuez, qu'il
diminue, qu'il diminuât. — Éteindre (*estinguir*), en étei-
gnant, j'éteins, il éteignit.

Croire (*creer*), je crois, il crut, croyons, en croyant, que
je crusse, qu'il crût. — Lire (*leer*), ils lurent, lisez, qu'il lût,
en lisant, ils liront.

(Voyez le n° 54, et le Tableau des conjugaisons.)

Faire (*faer*), tu feras, tu faisais, ils firent, que je fasse,
en faisant, faisons, je ferais, nous fîmes, qu'il fît, faites, fait.
— Mettre (*poner*), mettons, ils mirent, vous mettrez, que

nous missions, tu mettais, tu mettrais, vous mettez, vous mîtes, mis.

Contenir (*caber*), il contiendra, qu'elle contienne, ils continrent. — Vouloir (*querer*), ils veulent, ils voulaient, nous voulons, nous voudrons, tu voudras, tu voudrais, il voulut, que tu voulusses, que je veuille, vous voulez, nous voulûmes. — Pouvoir (*poder*), je peux, je pouvais, je pus, tu pourras, il pourrait, que nous puissions, ils purent, ils pouvaient, en pouvant, nous pouvons, nous pourrons. — Aller (*ir*), j'allais, nous allâmes, que vous alliez, en allant, que tu allasses, allons, je vais, il alla, ils iront, vous allez.— Savoir (*saber*), je saurais, que nous sachions, ils surent, tu savais, tu sauras, sachons, qu'il sût, je sais.

Avoir (*tener*), tu auras, tu avais, tu eus, que tu eusses, nous avons, nous aurons, ayons, qu'ils aient. — Venir (*venir*), il vint, il venait, il viendra, que tu viennes, tu viendrais, venez, nous vînmes, en venant, que nous vinssions.— Dire (*decir*), ils dirent, ils disent, ils disaient, ils diront, je dis, en disant, dit, disons, qu'il dise.— Mourir (*morir*), il meurt, il mourait, il mourut, il mourra, mourons, qu'ils meurent, qu'ils mourussent, en mourant, mort. — Dormir (*dormir*), il dort, vous dormez, dormons, en dormant, qu'ils dorment, que je dormisse.

Conduire (*conducir*), nous conduisîmes, que je conduise, conduisons, qu'il conduisît, je conduis, tu conduis. — Apporter (*traer*), j'apporte, il apporta, apportons, nous apportons, qu'il apportât, en apportant, que nous apportions. — Sortir (*salir*), je sortirai, ils sortiraient, il sortait, sors, sortons, que tu sortes, je sors. — Valoir (*valer*), il vaudra, que tu vailles, je vaux, tu vaux, ils vaudraient. — Donner (*dar*), nous donnâmes, qu'il donnât, je donne, ils donnèrent.

Être (*estar*), je suis, que nous fussions, ils sont, il fut. — Marcher (*andar*), je marche, tu marchas, qu'il marchât. — Voir (*ver*), je voyais, voyons, vu, je vis, qu'il voie, je verrai. — Tomber (*caer*), il tomba, qu'il tombe, qu'il tombât, en tombant, tombons, nous tombons. — Entendre (*oir*), tu entends, ils entendirent, nous entendîmes, j'entends, entendons, entendez, qu'il entende, qu'il entendît.

Saisir (*asir*), nous saisissons, ils saisirent, je saisis, saisissons, tu saisiras, que tu saisisses. — Écrire (*escribir*), j'écrirai, écrivons, j'ai écrit. — Couvrir (*cubrir*), couvrons, ils couvriront, vous avez couvert.

Verbes composés.
(Voyez le n° 55.)

Composer (*componer*), je composai, nous composerons, composons. — Attirer (*atraer*), attirons, que tu attires, en attirant. — Exceller (*sobresalir*), j'excelle, il excellera, nous excellerions, que tu excelles.

Jouer (*jugar*), tu joues. — Conjuguer (*conjugar*), tu conjugues. — Défendre (*defender*), je défends. — Offenser (*ofender*), j'offense. — Penser (*pensar*), ils pensent. — Dispenser (*dispensar*), ils dispensent. — Refaire (*rehacer*), je refis, ils refirent, qu'il refît. — Satisfaire (*satisfacer*), je satisfis, ils satisfirent, qu'il satisfît. — Bénir (*bendecir*), je bénis, bénissons, ils béniront.

ARTICLE V.

EXERCICES SUR LES AUTRES PARTIES DU DISCOURS.

Résumé de la Grammaire. — ADVERBES de quantité avec un substantif, se rendent par des adjectifs. *Tanto* et *cuanto* avec des adjectifs ou adverbes, perdent le *to* ; AUTANT, répété se rend *cuanto* (*a, os, as*) et *tanto* (*a, os, as*) ; *tanto, cuanto* et *que*, toujours joints aux mots auxquels ils se rapportent. — *Mente*, on l'ajoute à la terminaison féminine de l'adjectif. On ne le répète pas : *allí, aqui* ou *acá, ahí, allí* ou *allá*, suivent la même analogie que les pronoms *este, ese* et *aquel*.

PREPOSITIONS. Lieu où l'on agit, *en* ; lieu où l'on va, *á.* On ajoute l'*á*, 1° à l'infinitif régi par un verbe de mouvement ; 2° aux prix et dates. — On emploie *de* pour l'âge, la propriété et l'usage des choses.—PAR, se rend *por.*—POUR, en signifiant substitution, échange, faveur (ou *pro, propter, ob* latins), se rend *por* ; en marquant destination, temps, lieu (*ad, in* ou datif latin), se rend *para.*

Notes sur *chez, jusqu'à, sobre, de* retranché, *de* ou *con* ajoutés en espagnol. (Voyez la page 184.)

CONJONCTIONS. QUE pour SI, LORSQUE, etc., supprimé;

que, ajouté ou supprimé, etc. (voyez pag. 188) ; *y* avant *i* devient *é* ; *ó* avant *o* devient *u*.

Adverbes.

Au-dessus, en bas, maintenant, dedans, en attendant, après, non plus, presque, mieux, exprès, oui, à peine, devant, peut-être, assez.

Il a trop d'ardeur et peu de patience : assez de ri-
Tiene   ardor   paciencia :   ri-
chesses et beaucoup de connaissances. Combien de
queza   conocimiento.
personnes s'égarent ! qu'il est adroit ! que de peines
persona   estraviar! (1)   diestro!   pena
il souffre ! Elle agit assez prudemment, elle est cons-
sufrir.   Obrar   estar
tamment et parfaitement tranquille. Tu souffres
tranquilo.
beaucoup et tu me causes beaucoup d'inquiétude.
causar   inquietud.
Vous êtes bien adroit ; vous avez acheté des livres,
ser   comprar
combien vous ont ils coûté ? Il ne parle jamais haut.
costar.   alto.

---

(1) Désormais on mettra toujours le verbe espagnol à l'infinitif. L'élève le placera au temps convenable.

Personne ne peut réussir en agissant précipitamment
acertar   obrar
et imprudemment.

Prépositions.

Il naquit à Léon, fit beaucoup de voyages à Ma-
Nacer   viage
drid, et retourna dans son pays. Il alla en Italie,
volver   pais   ir
et demeura un an à Rome. Il se promène aux
vivir   año   pasear
Champs-Élysées. Il va se promener. Une bouteille à
campo   eliseo.   botella
l'encre. Il mourut à l'âge de dix ans. Ce jardin est
tinta.   diez   ser
à monsieur le curé. Le sucre coûte vingt sous la
cura.   azúcar costar veinte sueldo
livre. La diligence est commode pour voyager. Sor-
libra.   ser cómodo   viajar.   Sa-
tons par le jardin. Ce livre est pour Jean. Parlez
lir   ser   Juan.
pour moi au préfet. Tu t'inquiètes trop pour moi.
prefecto.   inquietar
Cet ouvrage est bon pour apprendre à lire. Venez
obra   ser bueno   aprender   leer.

chez mon cousin : nous y resterons jusqu'à deux
primo :   *quedarse*   *dos*

heures. Il arriva le cinq mars mil huit cent vingt.
Llegar   *cinco marzo*

Je le ferais les yeux fermés.
ojo cerrado.

Conjonctions.

Lorsque l'homme est sage et qu'il résiste à ses
Cuando   *ser prudente*   *resistir*

passions, il vit tranquille. Jean et Isidore sont légers
vivir tranquilo. Juan   *Isidoro ser*   *ligero*

et inconstans. Clair ou obscur. Virgile ou Horace.
inconstante. Claro   *oscuro. Virgilio*   *Horacio.*

Marie et Isabelle. Pierre et moi.
María   *Isabel. Pedro*

Conjonction QUE.

(Voyez le n° 63.)

Que n'écrivit-il à son père ! Fanatique que vous
êtes ! Tu ne le feras pas, que je ne le sache sur-le-
                                                al
champ. Si je suis venu, c'est que j'ignorais ce qui
instante.   *he*

s'était passé dimanche dernier. Il ne voulait que
habia   *el domingo*   *último.*   *querer*

me tromper. Tu ne peux que consentir à ce
    engañar.

que ton frère te demande. Il n'y avait que des
    pedir.

étrangers.

THÈMES DE RÉPÉTITION.

Verbes auxiliaires et réguliers.

Nous avions été, vous serez, ayant été, il aura,
qu'ils fussent, tu avais, nous fûmes, que je sois, vous
étiez. Vous répondrez, répondons, en répondant.
Qu'il chantât, chantez, tu chanteras, vous chantiez.
En souffrant, ils souffriront, vous souffrîtes, nous
souffrons. Protéger, que tu protéges, qu'il exerce,
j'exercerai, que vous payiez, que nous chassions,
nous nous sommes exercés, vous êtes protégées, elles
sont arrivées. Vous êtes montés, vous avez chanté, tu
as répondu. Elle aurait payé.

Verbes irréguliers.

Je nie, niez, que tu nies. Nous allumons, il allume. Ils discernent, vous discernez. Je gouverne,
gouvernons, que tu gouvernes. Étendez, qu'ils éten-

dent. Je conte, nous conterons, que nous contions. Tu rends, tu rendais. que je rende. En priant, tu pries, que je prie. Vous connaissiez, que vous connaissiez, connaissons. Ils reluisent, ils reluisirent. Je mesure. Il ment. Qu'il serve. Que tu préfères. Il distribue. Que tu diminues. Ils distribuèrent. Que je diminuasse. Ils crurent, qu'ils crussent. Nous lirons, que vous lussiez.

Ils seront. Nous mîmes. Il contint. Je voudrais. Nous pourrons. Que vous alliez. Il sut. Elle aura. Venons. Que tu dises. Ils dormirent. Je conduis. Que tu apportasses. Vous sortirez. Ils vaudront. Il donna. Ils marchèrent. Tu voyais. Que je tombasse. Que tu entendisses.

Adverbes, Prépositions et Conjonctions.

Il donne assez de preuves... Que cette maison est
Dar   *prueba*   *casa*

belle! Qu'il nous raconta de prodiges! Tu as trop
     contar   *prodigio!*   *Tener*

d'affaires. Autant de ministres, autant de projets.
asunto   *ministro,*   *proyecto.*

J'étais au marché. Viens chez moi, et nous irons au
estar   *mercado.*   *Venir*   *ir*

Muséum. Je vais me promener. Si tu retournes dans
  museo,   *pasear.*   *volver*

ton pays par la France, arrête-toi à Paris pour voir
                              detener

cette ville. Écris pour moi à ton frère. Si je vais au
jardin, et que je ne t'y trouve pas, je t'attendrai
                  hallar   *aguardar*

jusqu'à neuf heures du soir.
  hasta

ARTICLE VI.

RÉSUMÉ DE LA GRAMMAIRE. — ACCORD. On le fait
avec *difunto,* etc., et au participe avec *tener,* non pas avec
haber. Le pluriel l'emporte pour le genre de choses. —
Cuyo, a, os, as s'accorde avec le deuxième substantif. Supprimez l'IL impersonnel et accordez le verbe ; excepté *haber,*
et *hacer* en le remplaçant.

RÉGIME direct demande un *a,* 1° pour les noms d'êtres
raisonnables ; 2° pour ceux des villes, provinces et royaumes
sans article. (Voyez les notes des pages 198 et 199.)

Ci-joint je t'envoie la lettre que tu m'as demandée.
enviar *pedir.*

L'amour du vrai et du juste est son caractère. Sa
amor *verdadero* *ser* *carácter.*

valeur et sa prudence sont bien connues. Sa valeur et
valor *prudencia ser*

ses richesses sont connues. Monsieur Perez et ses
sœurs sont malades. Je connais l'écrivain dont tu
estar enfermo. *escritor*

loues les talens. Il y eut des fêtes à la cour, et il en
alabar talento. *fiesta en corte,*

survint des troubles. Une infinité de soldats se sont
sobrevenir alboroto. *soldado*

précipités du haut des murs.
precipitar allo muralla.

Le Cid défit l'armée et prit Valence. Honorons nos
deshacer ejército tomar Valencia. Honrar

supérieurs sans imiter leurs défauts. Après avoir vi-
superior sin imitar defecto. Despues vi-

sité Paris et Rome, il alla visiter les ruines d'Athè-
sitar ir ruina Até-

nes. Napoléon conquit le Portugal, il prit Saragosse,
nas. conquistar tomar Zaragoza,

Valence, etc. Il abandonna les villes de Séville, Cor-
abandonar ciudad Sevilla, Cór-

doue, Jaën, etc. Il vainquit plusieurs souverains : il
doba,   *vencer*   *mucho*   *soberano :*

fit des ducs, des princes et des rois.
dacer   *duque,*   *principe*   *rey.*

THÈMES SUR L'EMPLOI DES TEMPS.

Résumé de la Grammaire. — INFINITIF présent. —
On supprime le *de* non régime : on le reconnaît en substi-
tant un substantif. Parfois on met *el*; souvent *que* et le
subjonctif, spécialement avec *rogar*, etc. (Voyez page
269.) — Participe présent se rend par le gérondif. — Gérondif va sans *en*. — Participe passé s'accorde, s'il est régi par
ser ou *tener*, non pas s'il l'est par *haber* : sa forme absolue
est très usitée ; 38 participes doubles, dont le 2ᵉ s'emploie
comme adjectif ; 37 participes actifs.

Il est utile de voyager. Tu m'as promis de m'écrire.
     útil   *viajar,*   *prometer*

Il a peur de mourir. Je te prie de me pardonner. Le
Tener miedo   *rogar*   *perdonar.*

roi lui ordonna de sortir. Je l'ai trouvé parlant
rey   *mandar*   *salir.*   *encontrar*

avec son père. En étudiant, l'homme s'instruit.
            estudiar,   *instruir.*

Pierre est à dîner. Il se promène au jardin. Vous lui
 Pedro   *comer,*   *pasear*

parlâtes long-temps : elle chanta deux heures.
mucho tiempo :   *cantar*

Prends les lettres que Jean t'a écrites : je les ai
Tomar   *carta*   *Juan*   *escribir* :

trouvées sur ma table. Vous étiez sorties de la mai-
sobre   *mesa.*

son, lorsque ma sœur s'est levée. On a attaqué la
cuando   *levantar.*

ville, et le château ayant été pris, la garnison s'est
castillo   *tomar,*   *guarnicion*

rendue.
rendir.

Les voleurs ont été pris et convaincus de..... Il
ladron   *prender*   *convencer*

était déjà réveillé. Le domestique l'avait réveillé.
dispertar.   *criado*

C'est un article exprès de la loi : je t'ai exprimé mon
articulo   *ley* :

regret. Ils sont hardis et présomptueux. Elle est
pesar.   *ser*

reconnaissante des bienfaits.
á los beneficios.

INDICATIF. Le présent exprimant l'avenir, peut être
remplacé par le futur du subjonctif. Dites *si eres exacto y*

sabes, non pas *y que sepas*, etc. — L'imparfait, précédé de *si* et suivi du conditionnel se rend par le subjonctif. — Le futur, s'il est contingent, se rend par le présent ou futur du subjonctif. Ce futur est accompagné d'un autre futur positif ou d'un impératif. Voyez la pag. 218. — Le conditionnel se rend par l'imparfait du subjonctif, 1° dans *quand il serait*; 2° aux cas analogues au futur contingent. S'il n'est pas précédé de *que*, il peut se rendre par l'imparfait du subjonctif.

La peste est le plus grand fléau qu'une nation
peste   *plaga*   *nacion*

puisse éprouver. Quoiqu'il soit instruit, il écrit mal.
esperimentar.   *instruir,*

Quoiqu'il survive à sa maladie, il ne pourra pas
sobrevivir   *enfermedad,*

suivre sa carrière. C'est le soldat le plus vaillant
seguir   *carrera.*   *soldado*   *valiente*

qu'on ait vu. S'il y a une guerre, les fonds bais-
ver.   *guerra,*   *fondo*   *ba-*

seront. S'il soutient ce parti, c'est par intérêt. Si l'on
jar   *sostener*   *partido,*   *interes.*

considérait les suites de l'impiété, elle serait mépri
considerar   *consecuencia*   *impiedad,*   *despre-*

sée. Si j'étais triste, c'était l'effet de la maladie. Si
ciar.   *estar triste,*   *ser*   *efecto*   *enfermedad.*

nous étions sages, nous serions heureux. Demande-
ser prudente,   *ser*   *feliz.*   *Preguntar*

lui si son frère était chez lui. L'expédition de 1829
hermano estar

a été très malheureuse. On a disputé sur les révolu-
ser   desgraciado.   disputar sobre

tions. Soyez généreux autant que vous pourrez. Les
ser   generoso   poder.

Russes attaqueront les Turcs le plus promptement
Ruso   atacar   Turco   pronto

qu'ils pourront. Les soldats qui auront trente ans de
soldado   tener   año

service recevront une récompense. Lorsque tu seras
servicio   recibir   recompensa.   Cuando

d'un âge mûr, tu te repentiras d'avoir été paresseux.
edad maduro,   arrepentir   perezoso.

Quand même il serait le plus savant, il n'obtien-
sabio,   obte-

drait pas la chaire. Fais ton devoir le mieux que tu
ner   cátedra. Cumplir   deber   mejor

pourras.

RÉSUMÉ DE LA GRAMMAIRE. — SUBJONCTIF. Ce mode
se rend par l'indicatif, 1° après le superlatif relatif, suivi
d'un pronom relatif; 2° avec *bien que*, etc., si le sens est
affirmatif. On supprime le *ne* employé avec *douter, nier, empêcher, craindre*, etc. IMPÉRATIF. Il peut se rendre par le
futur; s'il est négatif, il se rend par le présent du subjonctif.

Vous craignez que l'ennemi ne surprenne la ville.
temer *enemigo* *sorprender* *ciudad.*

Je ne doute pas que la guerre ne nous soit favorable.
dudar

Si tu m'avais parlé hier, je l'aurais fait. Si tu vas à
hablar ayer, *hacer.* *ir*

Paris, tu y trouveras ton frère. Crains Dieu, et ne
encontrar *hermano. Temer Dios,*

crains pas les hommes. Étudie la leçon et ne perds
hombre. Estudiar leccion *perde*

pas le temps. Viens demain à dix heures. Ayons de
tiempo. Venir mañana *Tener*

la patience.

THÈMES SUR L'ORDRE DES MOTS.

Résumé de la Grammaire. — INVERSIONS. Pronoms
après les verbes, même entre l'auxiliaire et le participe. Interrogation et impératif. — Adjectifs : *mucho, poco* (*alguno* et *ninguno* non précédés de négation), *tanto, cuanto.*—
Quelques adjectifs changent leur signification. — *Bien, mal,
demasiado,* vont après l'infinitif.

LONGUEUR ET LIAISON DES PHRASES. Moyens de
leur donner la tournure espagnole : employer les conjonctions *y, mas, pero, porque, pues que,* etc., ou les relatifs *que,
quien, el cual,* ou le gérondif.

Il a trop mangé. Avez-vous reçu mes lettres? Il
    comer.   *recibir*   *carta*

suffit de lui avoir parlé. L'ayant trouvé malade, je
bastar   *hablar.*   *encontrar enfermo,*

n'ai pas voulu lui parler. Soyez exact à remplir vos
    querer   *exacto en cumplir*

devoirs. Avez-vous trouvé quelqu'un dans la rue? Les
  deber.   *encontrar alguno*   *calle*

élèves étudient-ils beaucoup? En vain tâche-t-on de
discipulo estudiar   *mucho*   *vano procurar*

l'excuser. Fût-il prince, il devrait être modeste.
excusar   *principe,*   *modesto.*

Nous ne donnons pas de thèmes sur la liaison et la longueur des phrases, parce qu'il n'y a pas de règles fixes. On en trouvera de nombreux exemples dans tous les ouvrages espagnols, et particulièrement dans la Traduction de l'espagnol, que nous avons annoncée à la page 6, et dans les chapitres suivans de ces thèmes.

THÈMES SUR CERTAINS VERBES.

RÉSUMÉ DE LA GRAMMAIRE. — ÊTRE. Se rend *ser*; exceptez, 1° avec *a*, *con*, *en*, et parfois avec *de*; 2° avec le gérondif et le participe passé, si celui-ci n'est pas à la voix passive ; 3° avec les adjectifs s'ils répondent à : *comment est-il ?*

Les Catalans sont de bons soldats. Monsieur Sala-
Catalan *bueno soldado.*

zar est ministre du roi. Mélendez était un grand
ministro

poëte. Monsieur le duc de Parque était à Madrid
poeta. *duque* *en*

en 1822. C'est une grande erreur. Elle est de Va-
error. *Va-*

lence. Ce jardin est à Pierre. Il est à son jardin.
lencia. *jardin* *de Pedro.*

Cette table est de cèdre. Elle a été punie par sa
mesa *cedro.* *castigar*

mère. Monsieur le colonel est logé au palais du duc.
madre. *coronel* *alojar palacio*

Il est à souper. Cette maison est bien bâtie : elle a
cenar. *casa* *construir :*

été bâtie par un bon architecte. Monsieur le préfet
arquitecto. *prefecto*

est malade : les bains lui sont nuisibles. Je suis con-
enfermo : *baño* *dañoso.* *con-*

tent des progrès de mon fils : je serai heureux s'il est
tento *progreso* *hijo :* *feliz*

sage. Monsieur Perez est très gai et très aimable ;
juicioso. *alegre* *amable ;*

mais hier il était triste. Cette maison est jolie ; elle
pero ayer triste. casa bonito ;

est très bien ornée. Son palais est grand et bien orné.
adornado.

Tu étais de mauvaise humeur ce matin.
humor mañana.

Haber, Tener et Verbes réitératifs.

(Voyez les nᵒˢ 87 et 88.)

Je vous ai envoyé deux lettres. Envoie-lui les li-
enviar carta. li-

vres que tu as achetés pour moi. Nous devons partir
bro comprar partir

demain pour Paris, mais nous n'y arriverons pas
mañana llegar

dans cette semaine, parce que nous devons nous
semana, porque

arrêter à Angers. Si tu m'envoies les vers que tu as
detener verso

composés, je t'enverrai les poésies que j'ai chez moi,
componer, poesía

composées par monsieur Arriaza. Si l'ennemi rentre
enemigo

dans la ville, il y aura des malheurs. On a réimprimé
ciudad, desgracia,

les ouvrages de Grenade. Ce fut ma sœur qui me
obra   *Granada.*   *hermana*

parla de cette affaire. Il y a bientôt quatre mois.
hablar   *asunto.*   *pronto*   *mes.*

RÉPÉTITION DES THÈMES PRÉCÉDENS.

Feu la reine, dont tu as connu les vertus, et son
reina,   *conocer*   *virtud,*

fils, étaient malades. Il survint des guerres violentes.
hijo,   *enfermo.*   *Sobrevenir*   *violento.*

Sa fureur et ses emportemens sont regardés comme
furor   *violencia*   *mirar*

la cause de sa disgrâce. Le général prit Madrid, et
desgracia.   *tomar*

ravagea les villes de la Manche. Je te prie d'é-
asolar   *ciudad*   *suplicar es-*

crire à mon père. Il est pénible de voir sa patrie dé-
cribir   *padre.*   *penoso*   *ver*   *des-*

chirée par les partis. Elles se sont rendues malheu-
garrar   *partido.*   *hacer*   *in-*

reuses. Voici de l'eau bénite. L'évêque a béni le pain.
feliz.   *He aquí agua*   *obispo*   *bendecir*   *pan.*

La montre s'est arrêtée. Il est très lent. Il est le plus
relox   *parar.*

savant que j'aie connu. Si tu m'écris, je te répondrai.
sabio   *conocer.*   *escribir,*   *responder.*

Si vous l'aviez connue, vous l'auriez aimée: je lui
                                     amar:

ai parlé souvent. Lorsque je le trouverai, je le lui
hablar frecuentemente. Cuando   *encontrar,*

dirai. Que je serais heureux, si je voyais la paix ré-
decir.   *feliz,*   *ver*   *paz res-*

tablie! Nous aurions voulu vous parler. Je crains
tablecer!   *querer*   *temer*

que tu ne sois malade. Appliquez-vous à l'étude et
        enfermo.   *Aplicar*   *estudio*

ne soyez pas paresseux. Il est chanoine. Il est à Rome.
       perezoso.   *canónigo.*

Il était à cheval. Il était à se promener. Les portes
      caballo.   *pasear.*   *puerta*

sont fermées : la chambre a été ornée par le maître
    cerrar   *cuarto*   *adornar*   *dueño*

de la maison. Ce garçon est Italien : il est malade.
   casa.   *mozo*   *Italiano:*

Je n'ai pas d'argent. J'ai dépensé bien de l'argent.
       dinero   *gastar*

Nous devons aimer le prochain. Nous devons partir
       amar   *prójimo.*   *partir*

demain. Napoléon reconquit l'Italie. Tu as bien
      reconquistar

fait. N'allez pas vous promener. Jean est-il arrivé?
hacer. ir   *Juan*   *llegar*

Fût-il innocent, il devait respecter la décision du
inocente,   *respetar*

juge. Pierre n'a jamais appris à bien écrire. Elle
juez.   *Pedro*   *aprender*   *escribir.*

voulait toujours trop parler.
querer siempre hablar.

Note sur l'Orthographe.

Il n'est pas nécessaire de faire des thèmes spéciaux pour les règles de l'orthographe. C'est en faisant tous les autres qu'on doit avoir soin de se conformer à ces règles.

Nous recommandons particulièrement de faire attention à bien placer les accens aigus, et à n'employer l'y grec, ni les lettres doubles, si ce n'est dans le cas où l'orthographe espagnole les demande. L'observation de ces règles contribuera aussi à améliorer la prononciation de la langue espagnole.

ARTICLE VII.

EXERCICES SUR LES IDIOTISMES ET SUR LES HOMONYMES.

Changemens dans les mots.

(Voyez le n° 99.)

Son père tomba malade le jour des cendres, le jeudi saint on lui administra les saintes huiles, et il mourut le jour de Pâques, à huit heures du soir, dans le couvent du Saint-Esprit à Madrid.

convento

Faitez-le, à la bonne heure ; mais tôt ou tard vous vous en repentirez. La jalousie de sa femme a em-

arrepentirse. *im-*

pêché le succès de son entreprise ; tous les deux se

pedir *empresa ;*

sont ruinés, et leur fortune est disparue. C'est un

desaparecer.

homme qui a des mœurs et beaucoup d'égards pour
consideracion con
le sexe.

Les mœurs de cette ville diffèrent beaucoup de
celles de Paris. Il faut plaindre les gens qui ne savent
pas se taire. Elle n'osait lui parler.

Son ami lui dit: Daignez m'écouter un moment. Feu
escuchar
le roi étant mort sans enfans, son frère lui succéda.
Le jeune homme arriva lundi soir chez son père,
mouillé de pied en cap, et il y resta quatre jours pour
se reposer.

Substitution des mots.

(Voyez le n° 100.)

Il a un front d'airain et des yeux d'aigle. Après
avoir bâti long-temps des châteaux en Espagne, elle
reconnut que sa rivale l'avait mise dans la gueule du
loup, et pleura à chaudes larmes.

Il déjeunait en ville ce jour-là, et après avoir man-
almorzar
gé à ventre déboutonné, il se mit à jouer au billard but
à but avec le maître de la maison. Cette affaire ne

vaut pas la peine d'être examinée sérieusement. Il tremblait comme la feuille, mais lorsqu'il vit que son adversaire mettait l'épée à la main, il lui tira un *contrario*

coup de pistolet à brûle-pourpoint. Les ennemis ont *pistoletazo*

disputé le terrain pied à pied.
terreno

Voici de belles maisons. Voilà les vrais ennemis de la patrie. Quel est votre nom? Quel est le prénom de votre père.

Changement de Régime.

(Voyez le n° 101.)

Je consens à vous écrire pourvu que..... Elle se plaisait à nous mortifier. Ne vous fatiguez pas à lire de mauvais livres. Contentez-vous de lui exposer votre position. N'approchez pas des maisons de jeu. Donnez-lui à boire un verre de vin. Je m'occupe à écrire à mes amis. Il s'obstina à nier tous les faits. Elle s'employait à porter des nouvelles à son frère. Ne vous amusez pas à faire des visites inutiles.

Il changea son habit contre une épée. Ne vous fiez
vestido   *espada.*

pas à lui. On évalua la maison à dix mille francs.
Soyez reconnaissant des services rendus à votre fa-
hacer
mille. Elle s'intéressait beaucoup au bonheur de ses
nièces. On la menaça de la colère de son père. N'approchez pas de moi. Elles pensaient toujours à leur
patrie. Cette toile est teinte en rouge. Il faut mettre
tela   *teñir*
cette minute au net. Elle craignait d'encourir la dis-
minuta
grâce de ses parens. Vous pouvez compter sur la faveur du ministre. Ne vous mêlez pas des affaires de
votre cousin. Il est très exact à ses devoirs; mais il
s'arrête à des choses peu importantes.

Constructions spéciales.

(Voyez le n° 102.)

Je ne saurais pas croire que tu agisses à l'insu de
ton père; tu auras de la peine à lui cacher tes projets.
Tout en promettant de rester ici jusqu'à la Saint-Ni-
colas, il préparait son voyage pour la mi-novembre.
Malheureux qu'ils sont! ils auront beau s'excuser, et
faire les patriotes, ils ne tromperont personne : ils
sont connus partout. Pierre a les qualités les plus dis-
tinguées, à son caractère près. Il faut que tu te sou-

mettes, bon gré malgré, à tes supérieurs. Abstraction faite de circonstances tout-à-fait spéciales, tu dois visiter ton père, tout au moins de deux jours l'un. Dieu merci, mes amis me protégèrent à l'envi. La triste saison !

Homonymes.

(Voyez les nos 108 et 109.)

M. N., ancien président de la Cour de cassation, arrivera ce soir. Elle aimait à se promener. Mettez l'adresse de cette lettre. Madame la duchesse accoucha d'une fille. Il a fait un cours d'histoire au collége de France. Ne le faites pas sans l'aveu de votre père. Il est arrivé de grands malheurs à Lyon. Sa femme allait tous les jours à la cour de Louis XVIII. M. N., médecin, a accouché ma cousine. Son avis est que tu dois le faire. Elle aima mieux souffrir que... Nous arriverons chez vous dans quinze jours. Quelle est votre adresse ? Je demeure rue de la Croix, n° 8, au fond de la cour. Nous nous promènerons ce soir au Cours des Plantes. Donnez-moi avis de votre arrivée. Elle a beaucoup d'adresse pour contenter ses maîtres. Il lui a fallu avouer tous ses crimes. Si nous avions su ce qui devait arriver... Son maître d'anglais est arrivé aujourd'hui. Il apprend très bien sa langue aux Français. Nous nous arrêterons trois jours à

Bayonne. Elle se promena au bois de Boulogne. La carte d'Espagne. Parlez au premier clerc de M. le notaire. Elle se présenta à la cour avec beaucoup d'éclat. Ce livre est écrit en lettres gothiques. Le roi le fit grand-maître de Calatrave. Le navire est arrivé au port du Havre. Il demeure près de la place. Cette maison lui rapporte mille francs. Rendez-lui sa lettre. Il s'est saisi de mes livres. Le voyage du roi est le sujet de tous les entretiens. Elle lui joua un tour. On a volé les voyageurs de Lyon ; je viens de l'apprendre du conducteur de la diligence. Les voleurs ont été arrêtés. Ne jouez pas aux cartes. J'ai reçu une lettre de Marseille : la cour royale venait d'arrêter qu'on saisît tous les biens de M... Apprenez à être sage. Le port de chaque corde de bois nous coûte six francs. Le bois qu'on a acheté pour l'escalier de la tour a coûté mille francs. Les sujets doivent à leurs maîtres le respect et l'obéissance. Je vous ai laissé une carte chez vous. Cette question se rapporte à celle des douanes. Volez au secours des malheureux soldats qui viennent de se rendre à discrétion. Rapportez-moi ce qui est arrivé.

RÉPÉTITION DES THÈMES.

J'ai vu aujourd'hui la maîtresse de votre maison et votre maître d'anglais. Le sexe doit toujours être respecté. Je n'osai pas vous écrire. Il le fera dans trois miserere, dans un clin d'œil. Il me dit d'écrire à sa mère. Il se contente de peu. Voici bien de soldats : il y en a plusieurs Russes. C'est un sacrifice que de se taire. Ne vous mêlez de rien. La cour était à Versailles. Le commerce rapporte beaucoup. Un cours de philosophie. Un ancien député de Paris. Il promit de le faire. C'est un homme d'esprit et qui a beaucoup de finesse pour les affaires. Vous aurez beau prendre à cœur ses intérêts, il ne vous en saura pas bon gré. Il intercéda pour moi auprès du ministre; mais celui-ci le paya de belles paroles. De toute part on s'écriait en disant : cette jeune personne est innocente. Tous les deux rougirent. Je sais que Pierre n'a pas été à Londres de sa vie.

CHAPITRE II.

DEUXIÈME SÉRIE DE THÈMES.

L'élève s'étant déjà exercé par ordre et graduellement dans l'application de toutes les règles de la Grammaire, se trouve dans le cas d'essayer d'autres exercices, où il faille les appliquer indistinctement; il pourra donc s'exercer à écrire des lettres, des narrations, des discours, etc., en espagnol. Cependant comme il a besoin encore de quelques secours pour surmonter les difficultés qui se présentent au commencement de ces exercices, il lui sera très utile de faire les thèmes suivans, où l'on ménage les secours selon le dégré de ce besoin.

Afin de rendre plus facile cet exercice, on citera en tête de chaque thème les chapitres de la Grammaire qu'on doit consulter. Pour les cas où il faut appliquer des règles non comprises dans ces chapitres, on a suivi une méthode différente, suivant que l'on a cru plus ou moins facile de faire cette application. Souvent on a fait des renvois aux numéros qu'on doit consulter ; d'autres fois on n'a mis qu'une étoile (*) pour fixer l'attention de l'élève, afin qu'il se souvienne de la règle, mais sans marquer le numéro où elle se trouve, et quelquefois on s'est contenté de mettre en caractère italique les mots dont la traduction peut offrir quelque embarras. Lorsque l'application de règles a paru tout-à-fait facile, on n'a fait aucune remarque. Dans tous ces cas la connaissance du résumé qui se trouve à la fin du volume, sera d'une très grande utilité, et nous engageons les élèves à ne pas négliger ce moyen, aussi facile qu'important, pour réussir dans l'étude de la langue espagnole.

Comme l'élève doit connaître déjà la plupart des mots espagnols qui répondent aux mots français, nous avons cru devoir supprimer l'interligne. Nous continuerons cependant à indiquer, au bas des pages, la correspondance de ces mots, lorsque nous le croirons utile pour lui épargner l'embarras de là chercher.

Thèmes sur les Articles et sur les Substantifs.

(Voyez les n°⁵ 11 et suivans de la Grammaire.)

Partout (a) on * trouve, avec de nouvelles preuves de la divisibilité inconcevable de la matière, les plus grands sujets (n° 108) d'admiration. Le corps le plus subtil est comme un monde, où des millions de parties se trouvent réunies dans l'ordre le plus parfait. Leuwenhock estime (b) que mille millions des corps animés, qu'on découvre dans l'eau commune, ne sont pas aussi gros (c), qu'un grain de sable (d) ordinaire. M. de Malesieu a vu, avec le microscope, des animaux 27

(a) *Por todas partes ;* (b) *calcular ;* (c) *grueso ;* (d) *arena.*

millions de fois plus petits qu'une mite (*e*); ces animalcu-les (*f*) ont des organes, des muscles, des veines et nerfs (*g*). Quelle en (34) est donc l'extrême petitesse (*h*)? quelle sera celle de leurs œufs (*i*), de leurs petits (*j*), des membres de ceux-ci, de leurs vaisseaux (*k*), des liqueurs qui y (34) circulent? Ici l'imagination se perd *, les idées se confondent.

La perfection de tous les arts consiste à (101) savoir allier (*l*) l'utile et l'agréable. L'eau de fontaine ordinairement est douce. L'ame de l'homme est plus parfaite que les ames des bêtes.

L'Espagne a des possessions dans les quatre parties du monde, dans l'Europe, dans l'Asie, dans l'Afrique et dans l'Amérique.

Vous trouverez dans sa bibliothèque les écrivains (*m*) espagnols les plus célèbres : les Mariana, les Cervantes, les Garcilaso, les Zurita, les Solis, les Feijoo, les Granada, les Valdes. Les Chrysostomes, les Augustins (*n*), les Ambroises sont rares dans tous les siècles.

Le roi et la reine jouissent (*o*) d'une parfaite santé. M. le marquis et madame la marquise de Villafranca sont arrivés (108) à Madrid. Le père et la mère de M. le Président du Conseil de Castille sont arrivés aussi ; il attend (*p*) son frère et sa sœur. M. le Corrégidor et madame la Corrégidora iront (60) leur faire une visite ce matin.

Les oiseaux, les serpens, les aspics (*q*), une comète, une

(e) *Mita, arador;* (f) *animalillo;* (g) *nervio;* (h) *pequeñez;* (i) *huevo;* (j) *cria, hijuelo;* (k) *vaso;* (l) *ligar, reunir;* (m) *escritor;* (n) *Agustin;* (o) *gozar;* (p) *aguardar;* (q) *áspid.*

planète, tous les jours, un animal, le miel, la peau (r) les fusils, la douleur, une fleur, le pain, les tempes (s), les intérêts, les lois, le vinaigre, le lait (t), le sang (u), le soir, le nez (v), les arbres, les rois, les noix (x), les rues, les pieds, les mains, les esprits, les réflexions, les martyrs, les villes, les Espagnols, les Français, les Césars, les jeudis (y), les mois. Les dames espagnoles, anglaises et arabes. Les provinces les plus fidèles.

Thèmes sur les Adjectifs, Comparatifs, Superlatifs et Numéraux.

(Voyez les n°s 21 et suivans.)

Sur le sommet (z) de certaines montagnes règne, même (a) sous la ligne et pendant les plus grandes chaleurs de l'été (b), un froid beaucoup plus fort que celui de nos hivers (c) les plus rigoureux.

Lorsque l'ame est agitée, la face (d) humaine en (34) devient le tableau (e) vivant, qui nous découvre ses passions avec autant de délicatesse que d'énergie. Chaque affection (f) de l'ame a son impression particulière, et chaque changement dans les traits (g) est le signe caractéristique des mouvemens les plus secrets de notre cœur.

L'œil est, plus que les autres sens, l'organe immédiat de l'ame : les passions les plus tumultueuses et les affections

(r) *Piel* ; (s) *sien* ; (t) *leche* ; (u) *sangre* ; (v) *nariz* ; (x) *nuez* ; (y) *juéves* ; (z) *cima, cumbre* ; (a) *aun* ; (b) *estío* ; (c) *invierno* ; (d) *rostro* ; (e) *retrato* ; (f) *afecto* ; (g) *faccion*.

les plus douces s'y peignent (*h*) avec la plus grande exactitude comme dans un miroir (*i*).

Après les yeux (40) c'est la bouche qui exprime le mieux toutes les affections de notre ame. L'organe de la voix vient aussi (60) animer cette partie et la rendre plus vivante que les autres.

De tous les sens, la vue est celui qui fournit (*j*) à l'ame les perceptions les plus promptes et les plus étendues : il est la source (*k*) des plus riches trésors de l'imagination : c'es. à lui (40) que nous devons principalement les idées du beau, de l'ordre et de l'unité du tout dans la variété des parties qui le composent.

Plus je me livre (*l*) à la contemplation des beautés de la nature et plus *j'y* exerce mon esprit, plus je reconnais la sagesse infinie de son auteur.

D'après les calculs *faits* par des hommes savans, il meurt (68) dans l'espace de 33 ans, mille millions d'hommes ; dans une année, environ 30 millions ; chaque jour, 82,000 ; chaque heure, 3,400 ; chaque minute, 60 ; chaque seconde, un homme. *Avant* une heure, plus de trois mille hommes se précipiteront dans l'abime de l'éternité. Midi est sonné : avant que trois heures sonnent (*m*), plus de dix mille hommes auront cessé d'exister, et moi-même je puis être de ce nombre.

De mille personnes, il en (34) meurt annuellement 28 : la plus grande mortalité a lieu depuis la naissance (*n*) jus-

(h) *Pintar;* (i) *espejo;* (j) *suministrar;* (k) *manantial, origen;* (l) *entregar;* (m) *dar;* (n) *nacimiento.*

qu'à l'âge d'un an : de mille il en meurt communément 293 ; mais entre la première et la deuxième année, il n'en meurt que 80. Quelques savans ont observé qu'il y a plus de femmes que d'hommes qui atteignent (o) l'âge de 70 à 80 ans ; mais qu'il a plus d'hommes que de femmes qui passent celui de 90.

Louis XVI était contemporain de Pie VI, Louis XVIII l'a été de Pie VII, et Charles X de Léon XII et de Pie VIII. Ferdinand VII était fils de Charles IV : il monta sur le trône la 20ᵉ année du règne (p) de son père. Lisez la 93ᵉ page de la Grammaire, ligne 18 et suivantes.

Plus nous avons été favorisés de la fortune, plus nous devons craindre un changement (q) affreux (r). Il nous sera d'autant plus sensible, que (s) nous sommes moins habitués à endurer (t) la douleur. Rien ne menace tant les hommes d'un grand malheur qu'une très grande prospérité.

Plus un roi a de peuples à (u) gouverner, plus il lui faut (v) de ministres pour faire par eux ce qu'il ne peut faire par lui-même ; et plus il a besoin d'hommes à qui il puisse confier l'autorité, plus il est exposé à se tromper (x) dans de tels choix.

Il a plus de courage que de force. Il a plus de talent que de courage. Il a plus de 40 ans.

Un bon citoyen (y) doit se soumettre aux lois. Cent soldats, trois cents francs, cent cinquante députés, deux mille cent volumes. C'est un grand pays. C'est un grand homme.

(o) *Alcanzar, llegar á...;* (p) *reinado;* (q) *mudanza;* (r) *horrible, espantoso ;* (s) *cuanto menos habituados estamos;* (t) *sufrir;* (u) *tiene que ;* (v) *necesita;* (x) *engañar ;* (y) *ciudadano.*

C'était une grande reine, il y avait de grands généraux.

Les hommes se fatiguent à (101) inventer des amusemens (z), tandis que la nature leur offre le plus durable (a), le plus innocent et le moins dispendieux de tous les plaisirs : celui de contempler les beautés qu'elle étale (b) avec tant de magnificence.

Ces dames sont très modestes et très prudentes. Le vin est très cher en Angleterre. Les lois françaises diffèrent (99) beaucoup des lois espagnoles. C'est une femme fainéante. La prudence est très utile dans toutes les affaires.

Saint Denis (c) fut le premier évêque (d) de Paris. Pour être saint, il faut remplir (e) tous les devoirs d'homme, de chrétien (f) et de citoyen.

La très sainte Vierge, le Très-Haut. Samson était très fort. La langue basque (g) est très ancienne. La vie des anciens patriarches était très longue. Il est très utile de savoir se taire (99) dans des circonstances critiques.

Thèmes sur les Pronoms.

(Voyez les nᵒˢ 33 et suivans.)

Voilà (100) la maison du Général ; les jardins n'en sont pas vastes, mais on y voit des fruits (h) et des plantes très utiles pour la nourriture (i) des hommes. Il y a deux bo-

---

(z) *Entretenimiento, diversion;* (a) *duradero;* (b) *ostentar;* (c) *Dionisio;* (d) *obispo ;* (e) *llenar, cumplir,* (f) *cristiano ;* (g) *vascuence ·* (h) *fruto;* (i) *alimento.*

cages (*j*) dont les arbres sont presque aussi anciens que la terre qui les nourrit. On y recueille (*k*) du miel plus exquis (*l*) que celui des abeilles (*m*) d'Hybla en Sicile, et un vin aussi délicieux que le nectar.

Il était hors de lui-même : son orgueil en faisait une bête féroce, et ses plus fidèles serviteurs ne pouvaient être auprès de lui sans s'exposer aux injures les plus grossières. Il courait à sa perte ; et un prince si indigne du trône ne pouvait s'y maintenir long-temps.

Pour ranimer (*n*) ma confiance, il me disait très souvent : La raison éternelle est comme un grand océan de lumière ; nos esprits sont comme de petits ruisseaux (*o*) qui en sortent, et qui y retournent (*p*) pour s'y perdre.

La seule question qu'on nous proposa fut de décider quel est le plus libre de tous les hommes ? Le plus libre, répondis-je, est celui qui l'est dans l'esclavage même : en quelque pays et en quelque condition qu'on soit, on est libre, pourvu que l'on craigne Dieu, et qu'on ne craigne que lui : quiconque est dégagé (*q*) de toute crainte et de tout désir, n'est soumis qu'à la volonté de Dieu.

Hercule me dit : Promets-moi de (72) ne jamais découvrir ma mort. Je le lui promis, et je jurai de n'en parler à personne. Ulysse se persuada qu'Hercule était mort, et il entreprit de me le faire avouer. J'eus horreur de faire un parjure, en lui disant un secret que j'avais promis aux cieux de

---

(j) *solo, bosque;* (k) *coger;* (l) *esquisito;* (m) *abeja;* (n) *reanimar;* (o) *arroyo;* (p) *volver:* pour éviter la répétition on pourra dire : *para perderse en su seno;* (q) *desprendido, exento.*

ne dire jamais : j'eus la faiblesse (r) d'éluder mon serment, n'osant (99) le violer, et les dieux m'en ont puni : (s) je frappai du pied l'endroit (t) où j'avais mis les cendres d'Hercule.

Me voyant hors de moi-même, il écoutait de (u) sang-froid toutes les injures dont je l'accablais (v) ; car il savait qu'on ne doit attaquer les passions, que lorsqu'elles commencent à s'affaiblir par lassitude (x). Ensuite, il me dit : Qu'avez-vous fait de votre courage et de votre raison ? voici le moment de s'en servir.

L'homme ne doit jamais agir (y) contre sa conscience, quelque intérêt qu'il ait à le faire. A qui sont ces marchandises (z)? Qui sont ces messieurs que nous avons rencontrés? Lequel des trois, Pascal, Bossuet ou Fénelon, croyez-vous plus éloquent ? J'irais à Paris avec toi, si tu voulais venir avec moi à Bordeaux (a).

Personne ne doit se plaindre (b) des malheurs qui lui arrivent (108) par sa faute.

Thèmes sur les Conjugaisons.

(Voyez les nᵒˢ 44 et suivans.)

Polycrate s'*était* environné (c) des hommes les plus célèbres dans la médecine. Il voulut que je vinsse (60) le visiter,

(r) *Debilidad;* (s) *castigar ;* (t) *di una patada en el lugar;* (u) *con* ou *á;* (v) *abrumar·* (x) *cansancio ;* (y) *obrar;* (z) *mercadería, género;* (a) *Burdeos;* (b) *quejar ;* (c) *rodear.*

et que je restasse (99) chez lui (83) : pour m'y engager (*d*), il me donna de grandes richesses. Après sa mort, je partis pour ma patrie : en y allant, on me dit que mon père et ma mère *étaient* morts (83). Lorsque je me présentai à mes frères, ils ne voulurent pas me reconnaître.

Je sais mourir, lui dit alors Télémaque, je ne puis me résoudre à mentir. Les dieux qui voient ma sincérité, peuvent me conserver la vie, s'ils le (37) veulent ; mais je ne veux pas la conserver par un mensonge (*e*).

On me conduisit au temple (*f*) de Vénus : elle en a plusieurs dans cette île. D'abord (*g*) j'eus de l'horreur de tout ce que je voyais ; mais insensiblement je commençais à m'y accoutumer.

Enfin, je trouve Mentor, et je lui dis : D'où venez-vous *, où allez-vous ? Vous voulez m'abandonner ? Que ferai-je sans vous ? Alors il me dit : Fuyez (*h*) cette terre corrompue : la vertu la plus courageuse (*i*) y doit trembler, et ne peut se sauver qu'en fuyant.

Idoménée s'avance (*j*), et tend (*k*) la main à Mentor. Nous nous sommes vus, dit-il, autrefois. Vous souvenez-vous du voyage que vous fîtes en Crète, et des bons conseils que vous me donnâtes ?

Je connais mes devoirs : je n'approuve pas les fautes que j'ai commises, mais je ne me corrige pas. Je gémis de mon inconstance, je m'en repens (*l*) souvent ; je voudrais y

(d) *Inducir* ; (e) *mentira* ; (f) *á uno de los muchos templos que tiene Venus* ; (g) *al principio* ; (h) *huir de....* ; (i) *valiente, animoso* ; (j) *adelantarse* ; (k) *estender, dar* ; (l) *arrepentirse*.

remédier, mais je ne me sens pas assez de (*m*) force pour résister aux anciennes habitudes. Parfois, je m'efforce de les vaincre; mais lorsque la passion survient, elle m'aveugle, et toutes mes résolutions s'évanouissent (*n*).

Celui qui ment souvent, perd sa réputation. Lorsque tu approuves et que (62) tu suis les mauvais exemples de tes amis, tu montres ta faiblesse, et tu consens à te déshonorer.

Après que l'armée fut partie, Idoménée conduisit Mentor dans tous les quartiers de la ville. Voyons, dit celui-ci, combien (58) vous avez d'hommes : faisons-en le dénombrement (*o*). Il donna des modèles d'une architecture simple et gracieuse pour les maisons : il voulut que celles qui étaient un peu considérables eussent un salon et un petit péristyle; mais il ne consentit pas qu'on bâtît (*p*) des palais trop somptueux.

Protésilas sourit (99), et toute l'assemblée se mit aussitôt à rire, quoique la plupart ne pussent (81) encore savoir ce qu'on avait dit. Mais sa puissance ne fut pas durable (*q*) : elle tomba aussitôt qu'Idoménée se sentit assez de forces pour le chasser (*r*). Il le fit sans regret (*s*) et même avec plaisir ; parce que la chute (*t*) des favoris ne coûte rien aux rois, pourvu (*u*) qu'ils ne les voient plus.

Souviens-toi que je meurs fidèle à notre amitié, et n'oublie (82) pas combien (58) tu m'as été cher. Ensuite, j'allai joindre (101) les rois ligués. Tourmenté par les remords

<hr>

(m) *Con bastante ;* (n) *desvanecerse ;* (o) *censo ;* (p) *construir, edificar ;* (q) *duradero ;* (r) *echar, arrojar ;* (s) *sentimiento, pena ;* (t) *caida ;* (u) *con tal que.*

et par les plus vives douleurs, je ne sais pas ce que je fais (83) : je demande un glaive (v) pour me couper le pied.

Thèmes sur les Adverbes, Prépositions et Conjonctions.

(Voyez les n°s 57 et suivans.)

Paisibles retraites (x) où la méditation devient (99) si facile et si douce, que de plaisirs vous faites éprouver à mon esprit et à mon cœur? Quelle paix! quelle tranquillité! C'est (y) dans cet état, où le bruit du monde et des passions ne vient (60) pas troubler la raison, que l'homme peut se connaître et se demander (z) avec plus de franchise: Suis-je, en effet, ce qu'on me croit? Ai-je fait autant de bien, ai-je rendu (a) à la société autant de services qu'on l'imagine? Que de faiblesses je remarquerai dans mon cœur! Que d'imperfections dans mes vertus précédentes! Que de faussetés (b) dans mes pensées!

Oh! que (c) les rois sont à plaindre! Que ceux qui les servent sont (d) dignes de compassion. S'ils sont méchans, combien font-ils souffrir les hommes! et quels tourmens leur sont préparés dans le noir Tartare! S'ils sont

(v) *Espada* ; (x) *soledad ;* (y) voyez le n° 40 et dites : *en este estado en que el ruido, etc., es en el que el hombre....* ; (z) *preguntar ;* (a) *hacer, prestar ;* (b) *falsedad, error ;* (c) *cuanta lástima merecen los.... ;* (d) *cuan dignos de.... son los que....*

bons, quelles difficultés n'ont-ils pas à (e) vaincre ! quels piéges (f) à éviter ! que de maux à souffrir !

Il y a beaucoup de personnes qui reconnaissent les fautes qu'elles ont commises : mais il y en * a très peu qui les avouent (g) franchement. Les rois qui gouvernent justement et prudemment l'état, sont aimés de leurs sujets. Lorsqu'on * a trop de richesses, on est exposé à en * abuser.

Que le gouvernement des empires offre aux yeux de l'homme sage de nombreuses réflexions ! qu'il offre d'ordre et de sagesse, lorsque nous * y voyons la Providence

Combien il est cruel pour un cœur tendre (h) et sensible de voir beaucoup de gens *qui manquent de* (i) tout, et de n'avoir pas assez de moyens pour les secourir ! Combien avez-vous d'élèves? Je n'en ai pas autant que vous.

Que ces jardins sont beaux ! Que le parfum (j) des fleurs est doux et agréable ! Riches et tristes habitans des villes, que d'heures agréables s'écoulent (k) en vain pour vous ! Si vous veniez dans le printemps (l) visiter les champs, que de plaisirs purs et innocens inonderaient vos cœurs ! Lorsque je vois tant de beautés, et que je considère tant de bienfaits, mon cœur s'élève à la contemplation du Créateur ; et je ne peux m'empêcher (m) de lui témoigner (n) ma reconnaissance.

On ne doit jamais mentir. Il est paresseux (o) et ignorant. Il y a dix ou onze jours. Il est menteur (p) et hypocrite. Elle est Italienne ou Hollandaise.

(e) *Tienen que....;* (f) *lazo;* (g) *confesar;* (h) *tierno;* (i) *á quienes falta;* (j) *perfume;* (k) *pasar;* (l) *primavera;* (m) *dejar de...* (n) *mostrar;* (o) *perezoso;* (p) *mentiroso.*

Nous nous sommes * rencontrés à Madrid : il partit ensuite pour l'Italie, et moi, je suis retourné (*q*) dans mon pays. Il est à (*r*) craindre qu'il ne soit obligé de (101) venir chercher un asile contre les persécutions qu'on lui a * injustement suscitées *.

Si vous allez vous promener dans le jardin, vous y trouverez beaucoup d'étrangers qui sont venus pour le voir. Ce livre est à Pierre. Si vous voulez acheter de bons mouchoirs (*s*), allez chez M. Cotor, qui vous les vendra 15 francs la douzaine.

La trahison a été punie sévèrement chez tous les peuples anciens et modernes. Priez Dieu pour vos amis et pour vos ennemis : pardonnez les injures pour l'amour de Dieu et pour la tranquillité de votre conscience. Si vous allez en Espagne, vous y trouverez beaucoup d'usages (*t*) inconnus en France. J'aime (108) beaucoup à me promener dans le jardin ; mais mes occupations m'obligent à rester (99) à la maison. La promenade est utile pour conserver la santé. Donnez-moi ce livre pour celui que je vous ai envoyé ce matin.

Je n'ai trouvé rien de nouveau dans les journaux (*u*) d'aujourd'hui. J'arrivai le 19 octobre 1830, et l'on me dit qu'il y avait eu plus de quinze hommes de (60) tués dans les affaires (*v*) de juillet.

Ces armes à feu sont estimées 100 francs la pièce. Celle que vous avez à la main est à mon frère. Je viens vous dire que

(q) *Volver ;* (r) *es de temer ;* (s) *pañuelo ;* (t) *uso ;* (u) *diario ;* (v) *ocurrencia.*

votre cousin (x) est à la campagne, et qu'il viendra demain chez vous.

Il est honorable (y) de (72) mourir pour la patrie. J'ai parlé pour toi en disant que tu étais venu les visiter chez eux, et que tu ne les y ⁺ avais pas trouvés. C'est un usage reçu chez les Italiens.

Nous arriverons (108) dans quinze jours, ou au moins dans la semaine sainte. Il demeure (z) hors la ville, bien près de la chapelle (a) de Saint-Pierre. Outre la maison où il demeure, il en a une (99) autre derrière la grande rue(b). Il y a de belles statues sur les ponts de Paris.

Thèmes sur l'Accord et le Régime.

(Voyez les nᵒˢ 65 et suivans.)

Il meurt chaque jour plusieurs milliers (c) d'hommes. Il est arrivé (108) de grands malheurs. Une demi-heure suffit pour finir la dissertation que vous avez commencée. La plupart des livres de sa bibliothèque ont été brûlés (d). J'ai vu l'étranger dont vous m'avez tant loué les talens. Votre frère et votre sœur sont très modestes.

Si vous connaissiez les hommes, vous seriez plus prudent que vous ne (26) l'êtes. Haïssez (e) les vices, mais aimez les hommes. Alexandre-le-Grand conquit presque toutes les

(x) *Primo;* (y) *honroso;* (z) *vivir;* (a) *capilla;* (b) *calle mayor;* (c) *millar;* (d) *quemar;* (e) *aborrecer.*

provinces connues de l'Asie. Napoléon conquit Saragosse, Madrid, Séville. Il conquit aussi le Portugal.

Feu la reine d'Espagne était très aimée des Espagnols. Je vous enverrai les lettres de M. Pascal, que votre frère a traduites. Vous avez chez vous plusieurs lettres écrites par M. Salas.

Thèmes sur l'emploi des Temps.

(Voyez les nᵒˢ 72 et suivans.)

Je prie les dieux de vous accorder (*f*) le plus précieux de tous les dons, qui est la vertu pure et sans tache (*g*) jusqu'à la mort. Souvenez-vous (*h*) du malheureux Narbal, et ne cessez jamais de m'aimer. Ah ! si je pouvais vous accompagner jusqu'à votre arrivée (*i*) à Ithaque, je le ferais avec le plus grand plaisir.

L'argent (108) que m'a coûté cet esclave, disait Hazael, m'a acquis le plus cher et le plus précieux ami que j'aie sur la terre.

Cette terre nourrit (*j*) abondamment ses habitans, quoiqu'ils soient innombrables ; car plus (26) il y a d'hommes dans un pays, pourvu qu'ils soient laborieux, plus ils ont de richesses.

N'ayez jamais honte (*k*) de remplir vos devoirs ; si quelqu'un se moque (*l*) de vous, ayez pitié de sa faiblesse ; soyez

(f) *Conceder* ; (g) *mancha* ; (h) *acordarse* ; (i) *llegada* ; (j) *alimentar, mantener* ; (k) *vergüenza* ; (l) *burlar.*

sûr que (63) dans son cœur il vous estime, et peut-être il vous admire; mais si vous aviez la faiblesse d'abandonner la vertu par crainte de ses moqueries (m), il serait le premier à (101) vous mépriser.

Allez, me dit Mentor, au milieu des plus grands périls, toutes les fois qu'il sera utile que vous y alliez; mais ne le faites pas par vaine gloire et sans nécessité. La vraie valeur est plus rare (26) que vous ne pensez · elle consiste à se posséder dans les périls sans les craindre, et non pas à les braver (n) avec témérité.

Thèmes sur les verbes Ser, Estar, Haber, *etc.,* *et sur l'ordre des mots dans la phrase.*

(Voyez les nᵒˢ 85 et suivans.)

Soyez sage (o) et vertueux, et vous serez toujours content de (101) votre sort. Lorsque vous êtes à étudier, ne vous occupez (82) pas d'autres affaires (p): si vous vous en * occupez, votre étude sera inutile. Les rues de Paris sont bien pavées (q) et les maisons sont ornées avec beaucoup de goût. L'histoire de la révolution française a été écrite par M.Thiers. Elle est écrite avec discernement. Cicéron était un grand orateur.

Napoléon était ambitieux et emporté (r). Cette maison est jolie (s) et bien ornée. M. le président du conseil est

---

(m) *Burla, sarcasmo;* (n) *arrostrar;* (o) *prudente, cuerdo;* (p) *negocio;* (q) *empedrar;* (r) *violento;* (s) *bonito.*

{ 110 }

malade, son fils est maladif (*t*). Vous étiez bien gai (*u*) hier
soir : il paraît que vous aviez reçu quelque bonne nouvelle.
Votre fils est bien plus maigre (*v*) que l'année passée. J'ai
eu le plaisir de voir souvent votre cousin. Ah ! qu'il (58)
est aimable ! qu'il est sage et modeste !

M. le curé de cette ville est très bien élevé (*x*) : il a été
élevé par d'excellens maîtres (108). Le château est bien
bâti (*y*) et solide. M. le duc était du conseil de Castille, et
président d'une de ses Chambres : ensuite il fut nommé ambassadeur ; mais à présent il est en disgrâce.

Le Général doit visiter toutes les fortifications de la province : il ne rentrera pas chez lui avant le jour de Pâques (99).

Avez-vous étudié la leçon ? Les ambassadeurs ont trop
exagéré les dangers de la guerre. Venez chez moi ce soir (31),
nous lirons les journaux, et après les avoir lus, nous parlerons des nouvelles du jour. Je suis bien aise (*z*) que vous
ayez bien dîné : j'ai trop déjeuné (*a*), et je n'ai pas d'appétit. Qu'avez-vous décidé sur l'affaire dont je vous ai parlé
ce matin. Votre fils est-il militaire ? Non, il ne s'est pas encore décidé à suivre cette carrière. Puisqu'il n'est pas encore
décidé, tâchez de l'en * détourner (*b*). Je lui ai parlé hier ;
mais il ne m'a rien répondu.

Fût-il * le plus savant du royaume, il ne serait pas reçu
à l'Académie : à peine pourra-t-il obtenir le tiers des voix
nécessaires pour être reçu. Les soldats ont tout (43) ra-
vagé (*c*).

(t) *Enfermizo ;* (u) *alegre ;* (v) *flaco ;* (x) *educar ;* (y) *construir ;*
(z) *alegrarse de ;* (a) *desayunar ;* (b) *disuadir ;* (c) *asolar.*

CHAPITRE III.

TROISIÈME SÉRIE DE THÈMES.

Thèmes en forme de discours suivi.

On suppose l'élève assez avancé pour pouvoir faire par lui-même l'application de toutes les règles de la Grammaire; cependant on l'aidera quelquefois, en faisant des renvois aux numéros qu'il peut consulter, en employant le caractère italique, ou en mettant une étoile * pour fixer son attention. On continuera aussi à mettre au bas de la page la correspondance de quelques mots français.

Pour donner aux phrases qu'on traduit la tournure française, il ne suffit pas de se soumettre aux règles de la Grammaire, il faut en outre consulter l'usage et l'oreille, et même avoir égard à la différence de style qui varie selon la condition des personnes qui parlent et les circonstances où elles parlent. On sait bien qu'on ne peut connaître et appliquer ces détails qu'après un usage long et réfléchi. Mais, pour ne rien omettre de ce qui peut contribuer à faciliter aux Français la connaissance de l'idiome castillan, nous indiquerons dans les notes ses tournures les plus remarquables, ce qui guidera l'élève pour réussir dans d'autres cas semblables, et l'aidera à en mieux saisir le génie.

ORIGINE ET PROGRÈS

DE LA LANGUE CASTILLANE.

Lorsque les Romains conquirent l'Espagne, ils y * introduisirent la langue latine, qui s'y conserva sans changement remarquable jusqu'au cinquième siècle (a). A cette époque, les Goths les Vandales et les Suèves envahirent (b) la Péninsule et s'en * emparèrent. Dans la nécessité où se trouvaient les peuples vaincus et les peuples vainqueurs de communiquer entre eux *, la langue du pays fut sensiblement altérée (c), d'autant plus que les peuples du Nord, quoique moins nombreux que les indigènes (d), étaient les maîtres (108) dans l'armée et dans toutes les branches (e) de l'administration publique.

Cette altération devint (99) de jour en jour plus grande (f): elle augmenta beaucoup plus rapidement encore à l'occasion de l'irruption des Arabes en 714. Les (g) Espagnols n'ayant plus un gouvernement central qui, par son influence, pût

(a) *Época en que los Godos;* (b) *invadir ;* (c) *se alteró tanto mas cuanto los ;* (d) *indigena ;* (e) *ramo ;* (f) *y aumentó;* (g) *en efecto como los..... no tenian ya.*

conserver aux débris (*h*) de la langue ancienne l'unité nécessaire pour continuer (101) d'être une langue nationale,
il arriva * qu'elle dégénéra au bout (*i*) de quelque temps
en plusieurs dialectes plus ou moins ressemblans entre eux *.
Ces dialectes étaient particuliers à certaines provinces ou
contrées (*j*). Ils se développèrent plus ou moins, suivant les
circonstances ; mais aucun n'acquit avant le onzième siècle
le degré de développement et de perfection nécessaire, pour
être considéré comme une langue bien formée.

Cependant (*k*) la prospérité à laquelle s'éleva la monarchie
de Castille au onzième et douzième siècles, fit que son dialecte
se développa, se régularisa et se perfectionna beaucoup plus
que les autres, et qu'il prévalut (*l*) en se répandant (*m*) dans
les principales provinces du centre de la Péninsule (*n*). Depuis cette époque, on put regarder le castillan comme une
langue formée. Mais ce fut (40) au treizième siècle qu'il reçut
un accroissement (*o*) et une amélioration (*p*) remarquables
sous (*q*) le règne d'Alphonse-le-Sage.

En effet, le *poëme du Cid* et les autres ouvrages des siècles
précédens sont * écrits dans un style qui décèle (*r*) partout
l'état d'enfance de la langue. Mais le livre *de las Siete par-
tidas*, publié sous le règne d'Alphonse, est un chef-d'œuvre (*s*) qui montre les progrès d'une langue non seulement
formée, mais élevée à un degré de perfection très remarquable pour le temps (*t*). La plupart de ses tournures (*u*) sont

(h) *Resto* ; (i) *al cabo* ; (j) *comarcas, y se desenvolvieron* ;
(k) *entretanto* ; (l) *prevalecer* ; (m) *esparcir* ; (n) *y desde* ; (o) *au-
mento* ; (p) *mejora* ; (q) *en tiempo de,* ou *en el reinado de* ;
(r) *descubrir* ; (s) *obra maestra* ; (t) *aquel tiempo* ; (u) *giro.*

encore usitées, tandis que les ordonnances de saint Louis, publiées en France vers le même temps, sont à peine intelligibles pour nous. Ce fut (*v*) le même Alponse qui ordonna d'écrire dans la langue nationale tous les actes judiciaires (*x*) et les écritures publiques (*y*). Un grand nombre d'ouvrages furent traduits en castillan par son ordre, et lui-même en composa plusieurs.

L'espagnol reçut encore des améliorations sensibles dans le quatorzième siècle, par les ouvrages que publièrent Alphonso XI, le prince Don Juan Manuel, Juan Ruiz, Rabbi Santo, Gonzalez de Castro, Perez de Ayala, l'auteur d'Amadis des Gaules et d'autres écrivains célèbres dans leur temps.

En examinant les progrès de la littérature espagnole pendant le quinzième siècle, on voit que Juan de Ména avait introduit dans la langue l'élévation du style, et que Jorge Manrique l'avait polie (*z*) en lui donnant un système de versification plus naturel. Le (*a*) marquis de Santillana commença à y introduire l'harmonie des Italiens (*b*) : enfin Juan de la Encina prouva qu'elle était capable de se plier (*c*) à tous les tons du drame, et donna sur l'art dramatique des préceptes aussi complets qu'on * pouvait l'espérer alors.

On peut regarder le seizième siècle comme l'âge d'or de la poésie espagnole et l'époque du rétablissement des belles-letres dans le royaume (*d*). Les premiers auteurs de cette brillante révolution furent Juan Boscan, Garcilaso de la

(v) *El mismo Alfonso mandó;* (x) *judicial;* (y) *Ademas;* (z) *pulir;* (a) *Por otra parte;* (b) *y en fin;* (c) *plegar, doblar;* (d) *habiendo sido los primeros.*

Vega, Hurtado de Mendoza, Luis de Léon et Fernando Her
rera. Les noms de Villegas, des Argensola, de Cueva, Er
cilla, Quevedo, Saavedra, Cervantes, Granada, Mariana,
Zurita, etc., etc., attestent combien (e) l'Espagne dans ce
siècle fut fertile en poètes, en critiques, en romanciers, en
orateurs, en historiens du premier ordre. C'est (*) dans leurs
écrits que (f) l'idiome castillan déploya (g) toute la richesse,
toute la dignité, la pompe, la beauté, la force et la vivacité
qui la caractérisent, et dont les autres langues européennes
étaient alors si éloignées. Ainsi leur langue parvint à sa plus
grande perfection, tandis que le français et l'anglais se trouvaient, à cette époque, dans leur enfance, et ce (h) n'est
qu'un siècle après qu'ils ont atteint leur maturité.

Au dix-septième siècle, cette langue était répandue dans
les grands états de l'Europe, comme celle des Grecs le fut
à Rome sous les premiers Césars, comme (i) le français l'est
aujourd'hui chez presque tous les peuples civilisés. Ce haut
degré d'estime, où la littérature espagnole (j) était parvenue,
était mérité à (k) bien des titres. Des (l) ouvrages classiques
étaient sortis de la plume de ses auteurs, et les plus grands
écrivains des nations voisines jugèrent ces ouvrages (m) assez
favorablement pour ne pas craindre d'avouer les emprunts (n)
qu'ils leur avaient faits. `

(e) *Cuan fértil fué;* (f) *y en sus escritos es donde;* (g) *desple-
gar;* (h) *no habiendo alcanzado su…. sino un siglo….;* (i) *y como;* (j) *á que habia llegado;* (k) *por;* (l) *En efecto habian salido varias obras;* (m) *las juzgaron tan favorablemente que no
temieron;* (n) *plagio, copia;* on peut traduire: *confesar lo que habian tomado de ellos.*

Mais cette époque glorieuse fut obscurcie au * dix-septième siècle par la funeste influence du *gongorisme*, qui gagna (o) presque tous les écrivains. L'obscurité affectée, les pensées torturées (*p*), les pointes (*q*), les calembourgs (*r*), les jeux de mots remplacèrent la noble simplicité des temps précédens ; et, bien que ces défauts tinssent (*s*) plutôt à la littérature qu'à la langue, néanmoins celle-ci ne manqua pas de se ressentir du mauvais usage qu'on en faisait. Par malheur l'état politique de l'Espagne venait * aggraver le mal, et la protection que Philippe IV accorda (*t*) aux lettres ne put contrebalancer les funestes effets d'une administration arbitraire qui pesait sur la nation, et qui n'était pas moins fatale à sa gloire qu'à ses intérêts.

Le mal diminua au * dix-huitième siècle (*u*) : on reconnut et l'on évita les fautes les plus choquantes du siècle précédent (*v*). On renouvela le goût des bonnes études, et (*x*) la langue en reçut quelques améliorations. Mais les efforts des écrivains trouvaient trop d'obstacles à (*y*) vaincre, pour pouvoir lui donner le développement et la perfection dont elle était capable.

Quelques critiques ont remarqué que cette dernière époque se ressent de l'esprit dominant du siècle, qui tend à faire une fusion de tous les peuples civilisés du monde. Cette fusion est sans doute très avantageuse sous bien des rapports, mais elle doit avoir des bornes (*z*). Il ne faut pas la porter

(o) *Comunicarse á;* (p) *forzado ;* (q) *dicho agudo;* (r) *retruecano;* (s) *pertenecer á ;* (t) *conceder, dispensar;* (u) *pues se reconocieron ;* (v) *y se;* (x) *con lo que;* (y) *que;* (z) *y no debemos llevarla tan adelante.*

si loin, qu'on dépouille la langue castillane de ses beautés originales et caractéristiques qui lui donnent tant de noblesse et de vie, pour la contraindre (a) à jouer un rôle (b) pâle et sans chaleur, par une servile imitation des langues étrangères, en la réduisant aux étroites limites auxquelles elles sont * circonscrites. C'est une remarque que les écrivains espagnols ne doivent pas perdre de vue, s'ils veulent se faire un nom national, et contribuer à relever (c) l'ancien éclat de leur langue.

Structure de la langue castillane.

D'abord (d) il est aisé de remarquer que la plupart des mots qui composent cet idiome viennent du latin, sa langue mère ; cependant les nombreux rapports de l'Espagne avec d'autres peuples, tant anciens que modernes, y ont introduit beaucoup de mots étrangers. D'après le calcul fait par quelques critiques, si l'on divise le castillan en cent parties, on peut en assigner soixante comme dérivant (e) du latin, dix du grec, dix de l'idiome des Goths, dix de l'arabe et de l'hébreu, dix enfin de l'allemand, de l'italien, du français et des deux Indes.

En comparant cette langue avec le latin, on verra que leur différence principale consiste à (101) ce que, prenant de sa langue mère la plupart des mots, le castillan en * a simplifié le système de déclinaisons, conjugaisons et inversions,

(a) *Forzar;* (b) *hacer papel;* (c) *reparar, restablecer;* (d) *desde luego;* (e) *derivadas.*

et qu'il en a changé souvent les lettres finales. Tout le monde sait aussi que dans la partie prosodique, il a abandonné le système des syllabes longues et brèves, qui *joue un rôle* si important dans le latin. Je ne m'arrêterai donc pas sur ces deux points, qui sont trop connus pour avoir besoin de nouveaux développemens.

Mais je crois qu'on n'a pas assez réfléchi sur l'accent de la prononciation, qui se trouve dans l'une des syllabes de chaque mot espagnol, non plus que (*f*) sur leurs variations, leurs effets et leurs avantages. Ceux-ci sont si considérables pour l'harmonie et pour d'autres beautés du vers et de la prose, qu'ils remplacent et même surpassent quelquefois ceux que produisait dans le latin la quantité prosodique des syllabes, point curieux que je voudrais voir développé avec toute l'attention et le discernement qu'il mérite. En attendant (*g*) que quelque savant espagnol entreprenne cette tâche (*h*), je vais (60) indiquer quelques observations.

Nature de l'Accent castillan.

L'accent dont je parle ici, consiste à * ce (40) que dans chaque mot prononcé, on trouve une syllabe sur laquelle on appuie en glissant sur toutes les autres. Cette circonstance produit (*i*) une telle différence dans la manière de prononcer les syllabes, qu'on peut en marquer au moins cinq degrés. Les mots *escándalo, acabado* et *corazon,* nous

(f) *Como ni;* (g) *interin, en el entretanto;* (h) *tarea;* (i) *circunstancia que produce.*

serviront d'exemple pour montrer la justesse (*j*) de cette observation. Le premier mot est un *esdrújulo,* qui a l'accent dans la syllabe *can*; le second est un mot *grave,* qui a l'accent à la syllabe *ba*; le troisième est *aigu* et son accent se trouve à la syllabe *zon.*

La syllabe accentuée des mots *esdrújulos* et *graves* (*can* dans *escándalo* et *ba* dans *acabado*) se prononce lentement et en y appuyant la voix; c'est donc avec raison (*k*) qu'on l'appelle longue. Dans les mots aigus la syllabe accentuée (*zon* dans *corazon*) se prononce encore plus lentement que dans les mots *esdrújulos* et *graves* : elle est donc plus que longue ou très longue. Au contraire, la syllabe qui vient après l'accent, est brève dans les mots graves (*do* dans *acabado*); et les deux dernières syllabes des mots esdrújulos sont encore plus brèves, et par conséquent elles sont plus que brèves ou très brèves. Enfin toutes les syllabes qui précèdent l'accent (*es* dans *escándalo, aca* dans *acabado,* et *cora* dans *corazon*) se prononcent sans précipitation et sans lenteur (*l*). Elles ont par conséquent une quantité moyenne entre les longues et les brèves.

Tout Espagnol qui connaît tant soit peu (102) sa langue, peut facilement remarquer ces différences dans la manière de prononcer ces syllabes; mais si l'habitude de parler sans faire cette remarque l'empêche de sentir ces nuances, il n'a pour se convaincre qu'à (63) réfléchir sur l'effet que ces syllabes produisent à la fin des vers (*m*). Tout le monde sait que dans un vers endécasyllabe ordinaire, il y a onze syl-

---

(j) *Exactitud ;* (k) *con razon pues la llamamos larga ;* (l) *lentitud ;* (m) *En efecto.*

labes dont la dixième est accentuée (n); mais si le vers finit par un mot aigu, il ne doit avoir que * dix syllabes pour conserver la mesure poétique. C'est ce qui arrive aussi en français (o) : le vers alexandrin, s'il est féminin, c'est-à-dire s'il finit par un *e* muet, a treize syllabes, et il n'en a que douze s'il est masculin (p); cependant tous les deux ont la même mesure. En espagnol, il y a encore une autre chose à remarquer. Si le dernier mot du vers endécasyllabe est esdrújulo, il faut douze syllabes pour le mètre au lieu de onze (A). Cela prouve évidemment ce que nous avons avancé (q). En effet, personne n'ignore que la syllabe accentuée demande toujours en espagnol un certain repos et appui dans la prononciation qui la rend nécessairement longue : or (r), d'un côté, la syllabe dernière des vers aigus équivaut aux deux dernières syllabes du vers ordinaire, bien que l'une de celles-ci soit * longue puisqu'elle est accentuée, et par conséquent la dernière du vers aigu est plus que longue ou très longue. D'un autre côté, dans les vers esdrújulos, les deux dernières syllabes réunies n'ont pas d'autre valeur métrique que la dernière des vers ordinaires qui est brève : ainsi il est clair qu'elles sont plus que brèves ou très brèves.

On pourrait en outre soutenir, que dans les mots qui ont l'accent sur la syllabe qui précède l'avant-pénultième (cela arrive souvent dans les verbes suivis des pronoms person-

(A) Voyez cette théorie confirmée par plusieurs exemples dans notre Traité de prononciation, au § 3 ».

(n) *Y que si;* (o) *pues que el verso ;* (p) *bien que ambos ;* (q) *decir anteriormente;* (r) *Ahora pues.*

nels : *contándotelo, presentáronseles, acompañábamosle*), les trois dernières syllabes n'ont pas d'autre valeur métrique que les deux dont nous venons (108) de parler, et qu'elles sont par conséquent encore plus brèves. C'est la remarque de M. Salvá dans l'ouvrage : *Gramática española, page* 414, *édition* de 1830. Mais si l'on ne veut pas admettre cette dernière différence, on * ne peut au moins se refuser à en reconnaître les cinq autres que nous avons indiquées.

L'influence de ces accens se fait aussi sentir dans toute l'économie des rimes, comme on l'a démontré par de nombreux exemples dans le *Traité de Prononciation* aux § 27, 28 et 32. Nous y avons vu : 1° que la rime commence toujours dans la voyelle accentuée, de manière que si le mot est aigu, la ressemblance (*s*) de la dernière syllabe suffit pour la rime ; tandis que dans les *esdrújulos*, il est nécessaire que les trois dernières soient ressemblantes. Bien que la langue française n'ait (75) pas ces différences dans l'accentuation des mots, on y trouve quelque chose de (60) semblable. En effet, il suffit pour la rime, lorsque les sons sont pleins (*t*), que les mots se ressemblent depuis la dernière voyelle comme dans les mots : *combats, embarras : fatal, inégal ; repos, héros ; progrès, succès ; offert, ouvert ; pardon, leçon,* etc. Mais si les sons ne sont pas pleins, il est nécessaire que la ressemblance commence dans la consonne qui précède la dernière voyelle. Ainsi *beauté* rime bien avec *divinité, ami* avec *endormi, vertu* avec *combattu* ; mais *beauté* ne rime pas bien avec *aimé,* ni *vertu* avec *imbu,* ni

(s) **Semejanza;** (t) *lleno.*

ami avec *régi*. Si les sons sont muets (u), il faut que la ressemblance commence dans la voyelle de la pénultième syllabe.

2° Nous avons vu au même traité, que si l'accent de deux mots se trouve dans des syllabes différentes, ils ne peuvent jamais rimer ensemble, quelle que soit d'ailleurs leur ressemblance. Il en est de même (v) en français, où les vers féminins ne peuvent jamais rimer avec les masculins.

3° Nous y avons remarqué aussi que dans la rime assonante espagnole, l'influence des accens devient * encore plus sensible, puisque la ressemblance dans les syllabes accentuées fait qu'on n'a pas égard (x) aux autres différences ; de manière que deux mots esdrújulos peuvent rimer. ensemble (y) quoique leurs pénultièmes syllabes soient tout-à-fait (z) différentes, comme il arrive dans *oráculo* et *tártago*. Par la même raison, dans les diphthongues, on n'a égard qu'à l'une des voyelles, savoir (a), à celle dont le son est plus marqué et non pas à l'autre.

4° Enfin, nous y avons également remarqué que la diverse position des accens est de la dernière importance, non seulement à la fin, mais aussi au milieu des vers. Il est vrai que dans ce deuxième cas, les accens ne font pas varier le nombre de syllabes du vers ; mais leur influence est si marquée, que presque toute la grâce et l'harmonie de la versification tient (b) à leur distribution. Sur ce sujet, on peut voir quelques détails curieux dans la *Poética española, por D. F. Martinez de la Rosa.*

(u) *Mudo ;* (v) *Lo mismo sucede ;* (x) *cuenta con* , (y) *entre si ;* (z) *del todo ;* (a) *es á saber ;* (b) *depender de.*

C'est * la nécessité de cette distribution des accens qui exclut de toute espèce de vers les mots composés d'un très grand nombre de syllabes, ainsi que la réunion d'un très grand nombre de monosyllabes.

Sous ce rapport (108), la langue française suit la même règle, et l'on a souvent observé qu'il faut éviter dans les vers, et jusqu'à un certain point dans la prose, de (72) réunir trois ou quatre monosyllabes. En effet, comme chaque mot demande un accent ou appui de voix, la répétition trop fréquente de celui-ci rend la prose dure et désagréable, et détruit tout-à-fait l'harmonie nécessaire pour le rhythme (c) des vers.

Cette observation s'applique dans les deux langues aux monosyllabes qui, ayant d'eux-* mêmes un sens complet, comme les substantifs, les adjectifs et les verbes, demandent absolument un accent, et non pas aux monosyllabes qui, se rapportant au mot qui les précède ou les suit, s'y réunissent dans la prononciation sans demander d'accent, comme il arrive dans les articles, les prépositions, etc. (*Voyez ce qu'on a dit à la page* 43 *de la Grammaire*). Le vers suivant de Racine rend sensible cette différence :

Le ciel n'est pas plus pur que le fond de mon cœur.

Ce vers est composé de douze monosyllabes ; cependant la prononciation en est très douce et très coulante (d). C'est qu'il y en a sept *(le, pas, plus, que, le, de, mon)* qui manquent (e) d'accent, parce qu'ils se réunissent dans la prononciation aux

(c) *Cadencia;* (d) *fluido. Esto proviene de que......;* (e) *carecer.*

cinq autres (*ciel*, *est*, *pur*, *fond*, *cœur*) de manière que le vers coule (*f*) comme s'il n'y avait que cinq mots, parce qu'il n'y a que cinq accens ou appuis de la voix. Mais il suffirait de réunir quatre ou cinq monosyllabes substantifs, adjectif ou verbes, pour rendre impossible le rhythme poétique.

Les observations précédentes prouvent combien * le rôle des accens est important dans la versification espagnole, et jusqu'à un certain point dans la française. Quant à la prose, il est sans doute moins important, mais il n'y est pas sans influence ; et celui qui *lira* avec réflexion les auteurs castillan qui se distinguent par la beauté du style, tels que Grenade, Cervantès, Louis de Léon, Mariana, Lopez de Vega, Solis, et autres, reconnaîtra qu'une grande partie de leur mérite consiste dans leur goût à varier et placer à propos les mots aigus, graves et esdrújulos, selon que le demande le *sujet* et la nature du discours. Aussi ceux qui *voudront* se distinguer dans le genre oratoire, ne doivent-ils pas abandonner cette partie.

Mais c'est là un point sur lequel les règles abstraites sont peu utiles. Pour y réussir (*g*), il faut être doué (*h*) d'une oreille très fine, et d'un goût très délicat, et avoir l'habitude de lire les auteurs qui se sont distingués par l'élégance de leur style.

(f) *Correr ;* (g) *acertar ;* (h) *dotar.*

LES PLANÈTES ET LES ÉTOILES.

Le Soleil est placé au centre de notre monde planétaire, et c'est (40) autour de lui que se meuvent les planètes Mercure, Vénus, la Terre, Mars (108), Jupiter et Saturne, aux-quelles on doit ajouter, d'après les nouvelles découvertes, Junon, Cérès, Pallas, Vesta et Uranus.

Le Soleil a un mouvement de rotation sur son axe (i) qui s'exécute en 25 jours et près de 7 heures. Le diamètre du disque solaire (j) est de 315,000 lieues.

Mercure (k), de toutes les planètes la plus voisine du (101) Soleil, fait sa révolution en 88 jours. Elle est presque tou-jours invisible pour nous, parce que les rayons du Soleil nous la cachent, bien qu'elle soit (40) éloignée de cet astre de (l) plus de 13,361,000 de nos lieues communes.

Vénus est la plus brillante de toutes les planètes. Nous l'apercevons tantôt (m) après le coucher du (n) Soleil, tan-tôt (m) avant son lever (o). C'est pourquoi (138) les anciens la regardaient comme deux astres différens, qu'ils nom-maient *Lucifer* ou *étoile du jour*, et *Vesper* ou *étoile du soir*, selon qu'elle prenait la première ou la seconde de ces posi-tions. Elle fait sa révolution sur son axe en 23 heures; la durée (p) de sa révolution autour du Soleil est de 224 jours, (q) sa distance moyenne du Soleil est de 25 millions de lieues.

(i) *Eje;* (j) *solar;* (k) *que entre todos los..... es el;* (l) *ne tra-duisez pas le de;* (m) *unas veces...... otras;* (n) *ponerse el;* (o) *salir;* (p) *siendo la duracion;* (q) *y su.*

La Terre se trouve à 34 millions de lieues du Soleil, et fait sa révolution autour de lui dans 365 jours, 5 heures et 48 minutes. Elle est (r) accompagnée dans sa course annuelle par la Lune, qui fait sa révolution autour de la Terre en 27 jours et 8 heures. La distance moyenne de la Lune à la Terre est de 85,928 lieues (83) ; son diamètre est de 791 lieues.

Mars fait sa révolution autour du Soleil en 686 jours et 23 heures. Sa distance moyenne du Soleil est de 52,613,000 lieues. La révolution de cette planète sur son axe s'accomplit en 24 heures et demie.

Jupiter est la plus grosse (s) de toutes les planètes (83) ; sa grosseur (t) est de 1,281 fois plus grande que celle de la Terre. Sa rotation sur son axe est si rapide qu'elle s'accomplit en moins de 10 heures. Sa révolution autour du Soleil se fait en 11 ans 315 jours 12 heures et demie : elle en *est distante (u) de 180 millions de lieues. Cette planète a quatre satellites qui font leur révolution autour d'elle, comme la Lune la fait autour de la Terre.

La distance de Saturne au Soleil est de 329,200,000 lieues (v). Cette planète met 10 heures et demie à faire sa révolution sur son axe, et 29 ans 5 mois et 14 jours à la faire autour du Soleil. Elle est accompagnée de (x) plusieurs satellites : on en * compte sept. Saturne se distingue de toutes les autres planètes par un phénomène singulier ; il (y) consiste dans une bande lumineuse qu'on appelle *anneau* (z) *de*

(r) *En su curso anual va;* (s) *grueso, grande;* (t) *grosor, magnitud;* (u) *dista de este último;* (v) *y gasta;* (x) *de siete satélites, y se distingue;* (y) *que;* (z) *anillo.*

Saturne. Cette bande est située dans le plan (*a*) de l'équateur de la planète, auquel elle forme une espèce de ceinture.

La planète Uranus ou Herschell avait été considérée comme une étoile jusqu'en 1781 ; mais il est reconnu à présent que c'est réellement une planète située à plus de 662 millions de lieues du Soleil, et qui fait sa révolution en 84 ans.

Cependant le Soleil avec toutes les planètes qui l'accompagnent, avec la foule (*b*) de comètes qui de temps à autre viennent * lui rendre hommage (*c*) et avec l'espace immense où elles font leurs révolutions, n'est qu'une très petite partie de l'univers. Chaque étoile, qui ne nous paraît qu'un point, est un corps immense qui probablement égale et surpasse (*d*) le Soleil en étendue comme en splendeur, et chacune d'elles est peut-être le centre de plusieurs mondes.

On n'a pas pu calculer la distance où se trouvent les étoiles par rapport (108) à nous : mais si cette distance n'était que de 5,000,000,000,000 de lieues, leur parallaxe serait d'une minute seconde, et l'on * aurait pu la fixer. Cependant les recherches (*e*) les plus assidues (*f*) n'ont pas suffi pour déterminer cette parallaxe, lors même qu'on a choisi les étoiles les plus lumineuses et les plus grandes en apparence.

Il n'est pas moins difficile de * déterminer le nombre des étoiles. Lorsqu'on a recours aux télescopes, on découvre une multitude innombrable de petites étoiles qui échappent (99) à la simple vue, et dont le nombre augmente à mesure qu'on emploie une lunette (*g*) plus parfaite. Lalande en a observé 50 mille, et Herschell estime en avoir vu 44

(a) *Plano ;* (b) *multitud ;* (c) *homenage ;* (d) *escede al Sol ;* (e) *investigacion ;* (f) *continuo ;* (g) *anteojo.*

mille dans un espace de 8 degrés de longueur sur trois de largeur (*h*), ce qui en supposerait 75 millions dans le ciel entier.

PHYSIONOMIE (*i*) DE L'HOMME.

De tant de millions d'hommes qui existent dans le monde, on peut assurer qu'il n'y en a pas deux dont la ressemblance dans les traits (*j*) soit parfaite. Cette diversité de physionomies est *d'autant plus* étonnante *que* les parties qui constituent la face (*k*) humaine, sont en assez petit nombre, et qu' (62) elles sont disposées dans tous les individus d'après le même plan, de manière qu'ils ont tous une très grande ressemblance dans leurs parties essentielles. Si un hasard (*l*) aveugle avait tout (43) produit, les visages des hommes se ressembleraient autant que se ressemblent les œufs (*m*) pondus (*n*) par une même poule (*o*), et les balles fondues dans un même moule (*p*). Mais il n'en est pas (*q*) ainsi, et l'on doit reconnaître ici la sagesse infinie du créateur qui, en diversifiant les traits de la face humaine d'une manière si admirable, a eu en vue (*r*) évidemment le bonheur de la société. Sans cette diversité de physionomies, nous serions exposés à chaque instant à une multitude de méprises (*s*) et de fourberies (*t*), qui feraient perdre à la société tous ses

(h) *Longitud y latitud*, (i) *fisonomia*; (j) *faccion*; (k) *faz, rostro*; (l) *acaso*; (m) *huevo*; (n) *poner*; (o) *gallina*; (p) *molde*; (q) *no sucede*; (r) *se ha propuesto*; (s) *equivocacion*; (t) *engaño*.

charmes (*u*), et ravirafent (*v*) aux hommes le plus grand nombre des avantages qu'ils trouvent dans le commerce de la vie. Le vol (*x*), le brigandage (*y*), l'assassinat et tous les crimes resteraient impunis, puisqu'il serait impossible de reconnaître les coupables. Quelle incertitude dans les ventes, dans les marchés, dans les actes judiciaires ! Que de subornations (*z*) dans les témoins ! Quelle confusion dans les familles ! Il n'y aurait plus d'amitié, plus de confiance, plus de relations sociales. Les magistrats, les autorités publiques, les lois, les tribunaux, tout ce qui contribue à l'ordre de la société, serait bouleversé (*a*) et la confusion la plus affreuse et les crimes les plus atroces succèderaient à la paix et à la tranquillité.

(u) *Embeleso, delicia ;* (v) *arrebatar ;* (x) *robo ;* (y) *latrocinio ;* (z) *soborno ;* (a) *trastornar.*

CHAPITRE IV.

QUATRIÈME SÉRIE DE THÈMES.

Thèmes tirés d'ouvrages français.

SUR LES DEVOIRS CIVILS DES CURÉS.

Il est (*a*) un homme dans chaque paroisse (*b*) qui n'a point de famille, mais qui est de la famille de tout le monde; qu'on appelle comme témoin, comme conseil ou comme agent dans tous les actes les * plus solennels de la vie civil, sans lequel on ne peut naître ni mourir, qui prend l'homme au sein de sa mère et ne le laisse qu'à la tombe, qui bénit ou consacre le berceau (*c*), la couche (*d*) conjugal, le lit (*e*) de mort et le cercueil (*f*); un homme que les petits enfans s'accoutument à aimer, à vénérer et à craindre; que les inconnus même appellent *mon père*; aux pieds duquel (49) les chré-

(a) *Hay;* (b) *parroquia;* (c) *cuna;* (d) *tálamo;* (e) *lecho;* (f) *féretro.*

tiens vont répandre (*g*) leurs aveux (*h*) les plus intimes, leurs larmes les plus secrètes ; un homme qui est le consolateur par état de toutes les misères de l'ame et du corps, l'intermédiaire obligé (*i*) de la richesse et de l'indigence, qui voit le pauvre et le riche frapper tour à tour (*j*) à sa porte : le riche pour y verser l'aumône secrète, le pauvre pour la recevoir sans rougir (99) ; qui n'étant d'aucun rang (*k*) social, tient (*l*) également à toutes les classes : aux classes inférieures, par la vie pauvre, et souvent par l'humilité de la naissance ; aux classes élevées par l'éducation, la science et l'élevation de sentimens qu'une religion philanthropique inspire et commande ; un homme enfin qui sait tout (43), qui a le droit de tout dire, et dont la parole tombe de (*m*) haut sur les intelligences et sur les cœurs avec l'autorité d'une mission divine, et l'empire d'une foi toute (*n*) faite. — Cet homme, c'est le curé ; nul ne (*o*) peut faire plus de bien ou plus de mal aux hommes, selon qu'il remplit ou qu'il méconnait (*p*) sa haute mission sociale.

Qu'est-ce qu' (40) un curé? C'est le ministre de la religion du Christ, chargé de conserver ses dogmes, de propager sa morale, et d'administrer ses bienfaits à la partie du troupeau (*q*) qui lui a été confiée.

De ces trois fonctions du sacerdoce, ressortent (*r*) les trois qualités sous lesquelles nous allons considérer le curé, c'ést-à-dire comme prêtre, comme moraliste, et comme adminis-

---

(g) *Depositar;* (h) *confesion, declaracion ;* (i) *forzoso ;* (j) *llamar alternativamente ;* (k) *órden, clase ;* (l) *pertenecer á, estar enlazado con ;* (m) *de lo ;* (n) *ya formada ;* (o) *y nad* (p) *desconocer ;* (q) *rebaño ;* (r) *provenir.*

trateur spirituel du christianisme dans la commune (*s*). De là, aussi, découlent (*t*) les trois espèces de devoirs qu'il a à (*u*) remplir pour être complètement digne de la sublimité de ses fonctions sur la terre, et de l'estime ou de la vénération des hommes.

Comme prêtre ou conservateur du dogme chrétien, les devoirs du curé ne sont point accessibles à notre examen ; le dogme mystérieux et devin de (*v*) sa nature, imposé par la révélation, accepté par la foi, cette vertu de l'ignorance humaine, se refuse à toute critique ; le prêtre n'en * doit compte, comme le fidèle, qu'à sa conscience et à son église, seule autorité dont il relève (*x*). Cependant, ici même, la haute raison du prêtre peut influer utilement dans la pratique sur la religion du peuple qu'il enseigne. Quelques crédulités banales (*y*), quelques superstitions populaires se sont * confondues dans les âges de ténèbres et d'ignorance avec les hautes croyances (*z*) du pur dogme chrétien. La superstition est l'abus de la foi : c'est (*a*) au ministre éclairé d'une religion qui supporte la lumière, parce que toute la lumière est venue d'elle, à écarter ces ombres qui en ternissent (*b*) la sainteté, et qui feraient confondre à des yeux prévenus le christianisme. Cette (*c*) civilisation pratique, cette raison supprême, avec les industries pieuses ou les crédulités grossières des cultes d'erreur ou de déception. Le devoir du curé est de laisser tomber ces abus de la foi, et de

(s) *Término;* (t) *emanar;* (u) *tiene que ;* (v) *por ;* (x) *depender ;* (y) *comun, vulgar ;* (z) *creencia;* (a) *al ministro le toca;* (b) *empañar ;* (c) *que es la civilizacion..... la razon.*

réduire les croyances trop complaisantes (*d*) de son peuple à la grave et mystérieuse simplicité du dogme chrétien, à la contemplation de sa morale, au développement progressif de ses œuvres de perfection. Le vérité n'a jamais besoin de l'erreur, et les ombres n'ajoutent rien à la lumière.

Comme moraliste, l'œuvre du curé est plus belle encore. Le christianisme est une philosophie divine écrite de deux manières : comme histoire, dans la vie et la mort du Christ ; comme précepte, dans le sublime enseignement qu'il a apporté au monde. Ces deux paroles du christianisme, le précepte et l'exemple sont * réunis dans le Nouveau-Testament ou l'Évangile (*e*). Le curé doit l'avoir toujours à la main, toujours sous les yeux (*f*), toujours dans le cœur (*g*). Un bon prêtre est un commentaire vivant de ce livre divin. Chacune des paroles mystérieuses de ce livre répond juste (*h*) à la pensée qui l'interroge, et renferme un sens pratique et social qui éclaire (*i*) et vivifie la conduite de l'homme. Il n'y a point de vérité morale ou politique qui ne soit en germe dans un verset (*j*) de l'Évangile (*k*); toutes les philosophies modernes en ont commenté un, et (*l*) l'ont oublié ensuite. La philanthropie est née de son premier et unique précepte, la charité (*m*) : la liberté a marché dans le monde sur ses pas (*n*), et aucune servitude dégradante n'a pu subsister devant sa lumière : l'égalité politique est née de la reconnaissance qu'il nous a forcés à faire de notre égalité, de notre fraternité de-

(d) *Condescendiente;* (e) *y el;* (f) *á la vista;* (g) *pues que;* (h) *exactamente;* (i) *iluminar;* (j) *versículo;* (k) *y......;* (l) *olvidándolo ;* (m) *que es la caridad;* (n) *en pos de ella.*

vant Dieu : le lois se sont adoucis (o), les usages inhumains se sont abolis, les chaînes sont tombées (p), la femme a reconquis le respect dans le cœur de l'homme. A mesure que sa parole a retenti (q) dans les siècles, elle a fait crouler (r) une erreur ou une tyrannie ; et l'on peut dire que le monde actuel tout entier, avec ses lois, ses mœurs, ses intentions, ses espérances, n'est que le Verbe (s) évangélique plus ou moins incarné dans la civilisation moderne. Mais son œuvre est loin d'être accomplie (t) : la loi du progrès ou du perfectionnement, qui est l'idée active et puissante de la raison humaine, est aussi la foi de l'Évangile ; il nous défend de nous arrêter dans le bien, il nous sollicite toujours au mieux, il nous interdit (u) de désespérer de l'humanité devant laquelle il ouvre sans cesse des horizons plus éclairés, et plus (26) nos yeux s'ouvrent à sa lumière, plus nous lisons de promesses dans ces mystères*, de vérités dans ses préceptes, et * d'avenir (v) dans nos destinées.

Le curé a donc toute (x) morale, toute raison, toute civilisation, toute politique dans sa main, quand il tient ce livre (y). Il n'a qu'à * ouvrir, qu'à lire, et qu'à verser autour de lui le trésor de lumière et de perfection dont (41) la Providance lui a remis la clef. Mais, comme celui du Christ, son enseignement doit être double : par la vie et par la parole (z). Sa vie doit être, autant que le comporte (a) l'infirmité humaine, l'explication sensible de sa doctrine, une parole vi-

---

(o) *Suavizar, dulcificar;* (p) *y.....;* (q) *resonar;* (r) *desplomarse;* (s) *palabra;* (t) *estar terminada;* (u) *vedar;* (v) *porvenir;* (x) dites : *toda la moral, toda la....;* (y) *y no tiene mas;* (z) *y su;* (a) *permitir, sufrir.*

vante (*b*) : l'église l'a placé là comme exemple plus que comme oracle. La parole peut lui faillir (*c*) si la nature lui en a refusé le don ; mais la parole qui se fait entendre à tous, c'est la vie (*d*) : aucune langue humaine n'est aussi éloquente et aussi persuasive qu'* une vertu.

Le curé est encore (*e*) administrateur spirituel des sacremens de son église et des bienfaits de la charité*. Ses devoirs en cette qualité se rapprochent de (108) ceux que toute administration impose. Il a affaire aux (*f*) hommes, il doi connaître les hommes (*g*) ; il touche aux passions humaines, il doit avoir la main délicate et douce, pleine de prudence et de mesure. Il a dans ses attributions les fautes, les repentirs (*h*), les misères, les nécessités, les indigences de l'humanité (*i*) : il doit avoir le cœur riche et débordant (*j*) de tolérance, de miséricorde, de mansuétude, de compassion, de charité, et de pardons ! Sa porte doit être ouverte à toute heure à celui qui l'éveille (17), sa lampe toujours allumée, son bâton toujours sous (*k*) sa main* : il ne doit connaître ni saisons (*l*), ni distances, ni contagion, ni soleil, ni neiges (*m*), s'il s'agit de porter l'huile (*n*) au blessé, le pardon au coupable, ou son Dieu au mourant (*o*). Il ne doit y avoir devant lui, comme devant Dieu, ni riche, ni pauvre, ni petits, ni grands, mais des hommes, c'est-à-dire des frères en misères et en espérances. Mais, s'il ne doit refuser son ministère à personne, il ne doit pas l'offrir sans prudence à ceux

(b) *Pues que* ; (c) *faltar* ; (d) *y ninguna* ; (e) *ademas, tambien,* (non pas *aun*); (f) *negocios con los* ; (g) *y pues* ; (h) *arrepentimiento* ; (i) *y por lo mismo* ; (j) *que rebose, rebosando en....* ; (k) *en* ; (l) *estacion* ; (m) *nieve* ; (n) *oleo santo* ; (o) *moribundo*.

qui le dédaignent (*p*) ou le méconnaissent. L'importunité de la charité même (*q*) aigrit et repousse (*r*) plus qu'elle n'attire (*s*) ; il doit souvent attendre qu'on vienne à lui ou qu'on l'appelle (*t*) : il ne doit pas oublier que, sous le régime de liberté absolue de tous les cultes, qui est la loi de notre état social, l'homme ne doit compte de sa religion qu'à Dieu et à sa conscience. Les droits et les devoirs civils du curé ne commencent que là où (*u*) on lui dit : Je suis chrétien.

Le curé a des rapports administratifs de plusieurs natures avec le gouvernement, avec l'autorité municipale, avec sa fabrique.

Ses rapports avec le gouvernement sont simples : il lui doit ce que lui doit tout citoyen, ni plus ni moins : obéissance dans les choses justes. Il ne doit se passionner ni pour (*v*) ni contre les formes ou les chefs des gouvernemens d'ici-bas ; les formes se modifient, les pouvoirs changent de noms et de mains, les hommes se précipitent tour à tour (*x*) du trône. Ce sont des choses humaines, passagères, fugitives, instables (*y*) de leur nature (*z*) ; la religion, gouvernement éternel de Dieu sur la conscience, est au dessus de cette sphère de vicissitudes, de versatilités politiques (*a*) : elle se dégrade en y descendant (*b*) : son ministre doit s'en tenir (*c*) soigneusement séparé. Le curé est le seul citoyen qui ait (75) le droit et le devoir de rester neutre dans les causes, dans les hai-

---

(p) *Desdeñar* ; (q) *aun la de la caridad* ; (r) *irritar y desviar* ; (s) *y....* ; (t) *sin olvidar* ; (u) *allí donde*, (mieux *cuando*) ; (v) *ni en pro, ni en contra de....* ; (x) *á su vez, alternativamente* ; (y) *instable por.....* ; (z) *al paso que....* ; (a) *y.....* ; (b) *por lo que su* (c) *conservarse.*

nes (*d*), dans les luttes des partis qui divisent les opinions et les hommes, car il est avant tout citoyen du royaume éternel, père commun des vainqueurs et des vaincus, homme d'amour et de paix, (*e*) ne pouvant prêcher que paix et qu'amour, disciple de celui qui a refusé de verser (*f*) une goutte de sang pour sa défense, et qui a dit à Pierre : Remettez ce glaive dans le fourreau (*g*).

Avec son maire (*h*), le curé doit être dans ses rapports de noble indépendance en ce qui concerne les choses de Dieu, de douceur et de conciliation dans tout le reste (*i*) ; il ne doit ni briguer (*j*) l'influence, ni lutter d' (*k*) autorité dans la comune. Il ne doit oublier jamais que son autorité commence et finit au seuil (*l*) de son église, au pied de son autel, dans la chaire (*m*) de vérité, sur la porte de l'indigent et du malade, au chevet (*n*) du mourant ; là il est l'homme de Dieu : partout ailleurs, le plus humble, le plus inaperçu (*o*) des hommes.

Avec sa fabrique, ses devoirs se bornent à l'ordre et à l'économie que la pauvreté de la plupart des paroisses comportent (*p*). Plus (26) nous avançons dans la civilisation et dans l'intelligence d'une religion toute immatérielle, moins le luxe extérieur devient (99) nécessaire à nos temples. Simplicité, propreté (*q*), décence dans les objets qui servent au culte, c'est tout ce que le curé doit demander à sa fabrique. Souvent même l'indigence de l'autel a quelque chose de vé-

(d) *Odio* ; (e) *que no puede* ; (f) *derramar* ; (g) *volver la espada á la vaina* ; (h) *alcalde* ; (i) *y no debe* ; (j) *solicitar* ; (k) *sobre la autoridad* ; (l) *umbral* ; (m) *cátedra* ; (n) *cabecera* ; (o) *menos notable* ; (p) *exigir* ; (q) *curiosidad*.

nérable, de touchant (r) et de poétique qui frappe et attendrit (s) le cœur par le contraste, plus que les ornemens de soie et les candélabres (t) d'or. Qu'est-ce que (40) nos dorures et nos grains de sable étincelans devant celui qui a tendu le ciel et semé les étoiles? Le calice d'étain (u) fait courber autant de fronts que les vases d'argent ou de vermeil (v). Le luxe du christianisme est dans ses œuvres, et la véritable parure de l'autel, ce sont les cheveux du prêtre blanchis dans la prière et dans la vertu, et la foi et la piété des fidèles agenouillés (x) devant le Dieu de leurs pères.

Pour se nourrir et se vêtir, pour payer et nourrir l'humble femme qui le sert, pour tenir sa porte ouverte à toutes les indigences des allans et venans (y), le curé a deux rétributions : l'une, de l'état (z), 750 francs ; l'autre, autorisée par l'usage, et qu'on appelle le casuel (a). Ce casuel, assez élevé dans certaines villes, où il sert à payer les vicaires, dans la plupart des villages (b) produit peu ou rien au curé. A peine donc a-t-il l'étroit (c) nécessaire, le *res angusta domi*, et cependant nous lui dirons encore, dans l'intérêt de la religion comme dans celui de sa considération locale :

« Oubliez le casuel ; recevez-le du riche qui insiste pour vous le faire accepter ; refusez-le du pauvre qui rougit * de ne pas vous l'offrir, ou chez qui se mêle à la joie du mariage, au bonheur de la paternité, au deuil (d) des funérailles, la pensée importune de chercher au fond de sa bourse quel-

(r) *Patético ;* (s) *enternecer ;* (t) *candelero ,* (u) *estaño ;* (v) *plata sobredorada ;* (x) *arrodillarse ;* (y) *los que van y vienen ;* (z) *que es de ;* (a) *pié de altar ;* (b) *pueblecitos ;* (c) *estricto ;* (d) *luto.*

ques rares (e) pièces de monnaie pour payer vos bénédictions, vos larmes ou vos prières ; souvenez-vous que si nous nous devons *gratis* les uns aux autres, le pain de la vie matérielle, à plus forte raison nous devons-nous *gratis* le pain céleste ; et rejetez (*f*) loin de vous le reproche (*g*) de faire payer aux enfans les grâces sans prix du père commun, et de mettre un tarif (*h*) à la prière. » Mais nous disons aux fidèles : le salaire de l'autel est insuffisant.

Comme homme, le curé a encore quelques devoirs purement humains, qui lui sont imposés seulement par le soin de sa bonne renommée (*i*), par cette grâce de la vie civile et domestique qui est comme la bonne odeur de la vertu. Retiré dans son humble presbytère, à l'ombre de son église, il doit en sortir rarement. Il lui est permis d'avoir une vigne, un jardin, un verger (*j*), quelquefois un petit champ, et de les cultiver de ses propres mains, d'y nourrir quelques animaux domestiques, de plaisir ou d'utilité, la vache, la chèvre, des brebis, le pigeon, des oiseaux chantans (*k*), le chien, surtout, ce meuble vivant du foyer, cet ami de ceux qui sont oubliés du monde, et qui pourtant ont besoin d'être aimés par quelqu'un. De cet asile de travail, de silence et de paix, le curé doit peu s'éloigner pour se mêler aux sociétés bruyantes (*l*) du voisinage ; il ne doit que dans quelques occasions solennelles tremper (*m*) ses lèvres avec les heureux du siècle dans la coupe d'une hospitalité somptueuse : le pauvre est ombrageux et jaloux (*n*), il accuse promptement d'adulation

(e) *Escaso;* (f) *alejar;* (g) *tacha, nota;* (h) *tarifa;* (i) *fama, reputacion;* (j) *vergel;* (k) *de canto;* (l) *ruidoso;* (m) *; mojar, humedecer;* (n) *suspicaz, y celoso.*

ou de sensualité l'homme qu'il voit souvent à la porte du riche à l'heure où la fumée de son toit (o) s'élève, et lui annonce une table mieux servie que la sienne. Plus souvent, au retour (p) de ses courses pieuses, ou quand la noce (q) ou le baptème ont réuni les amis du pauvre, le curé peut s'asseoir un moment à la table du laboureur, et manger le pain noir avec lui. Le reste de sa vie doit se passer à l'autel, au milieu des enfans auxquels il apprend à balbutier (r) le catéchisme, ce (s) code vulgaire de la plus haute philosophie, cet alphabet d'une sagesse divine. Dans des études sérieuses parmi les livres, société morte du solitaire, le soir (t) quand le marguillier (u) a pris les clefs de l'église, quand l'*Angelus* a tinté (v) dans le clocher du hameau (x), on peut voir quelquefois le curé (*y*), son bréviaire à la main, soit sous les pommiers (z) de son verger, soit dans les sentiers élevés de la montagne, respirer l'air suave et religieux des champs et le repos acheté du jour, tantôt s'arrêter pour lire un verset (a) des poésies sacrées, tantôt regarder le ciel ou l'horizon de sa vallée, et redescendre à pas lents dans la sainte et délicieuse contemplation de la nature et de son auteur.

Voilà sa vie et ses plaisirs ; ses cheveux blanchissent (b), ses mains tremblent en élevant le calice ; sa voix cassée (c ne remplit plus le sanctuaire, mais retentit encore dans le cœur de son troupeau ; il meurt, une pierre sans nom mar-

(o) *Techo, chimenea;* (p) *al volver de sus correrías, escursiones;* (q) *boda;* (r) *tartamudear;* (s) *que es el código..... el alfabeto;* (t) *por la tarde;* (u) *mayordomo de iglesia;* (v) *el Avemaría ha sonado;* (x) *campanario de la aldea;* (y) *con su breviario;* (z) *manzano;* (a) *verso;* (b) *encanecerse;* (c) *cascado.*

que (*d*) sa place au cimetière, près de la porte de son église. Voilà (100) une vie écoulée (*e*)! voilà un homme oublié à jamais! Mais cet homme est allé se reposer dans l'éternité, où son ame vivait d'avance (*f*), et il a fait ici-bas ce qu'il avait de mieux à y faire. Il a continué un dogme immortel, il a servi d'anneau à une chaîne immense de foi et de vertu, et laissé aux générations qui vont naître une croyance, une loi (*g*), un Dieu.

ALP. DE LAMARTINE.

DESPRÉAUX.

SUR LA CONTEMPLATION DE LA NATURE.

Les hommes se fatiguent à inventer des amusemens (*h*) dont ils ne tardent pas à (101) se dégoûter; tandis que la nature, avec une bonté maternelle, offre à tous ses enfans le moins dispendieux, le plus innocent et le plus durable des plaisirs. C'est celui dont jouissaient dans le jardin d'Éden, les premiers des humains (*i*) ; et notre dépravation seule nous fait rechercher des satisfactions d'un genre différent. Pour peu que l'on conserve l'antique simplicité, il est presque impossible de ne pas trouver des charmes (*j*) à (101) contempler la nature. Le pauvre, ainsi que le riche, peut se procurer cette jouissance; mais c'est précisément ce qui

(d) *Indicar ;* (e) *conéluida ;* (f) *de antemano ;* (g) *y... ;* (h) *entretenimiento ;* (i) *hombre ;* (j) *delicia.*

en * diminue le prix. Insensés que (63) nous sommes ! rien ne devrait donner plus de valeur à un bien, que la pensée qu'il fait le bonheur de tous nos frères ; et nous donnons peu de prix à ce que tous les hommes partagent (*k*) avec nous !

Combien, cependant, auprès (*l*) de ce plaisir si touchant (*m*) et si noble, combien (*n*) sont frivoles et trompeurs ces amusemens recherchés (*o*) que le riche se procure à si grands frais (*p*) ! Uniquement propres à nous arracher à nous-mêmes, ils laissent un vide affreux (*q*) dans notre ame, et amènent toujours avec eux l'ennui (*r*) et le dégoût. Au contraire, la bienfaisante nature offre continuellement de nouveaux objets à nos yeux. Tous les plaisirs qui ne sont que (63) l'ouvrage de notre imagination ont une courte durée, et sont aussi fugitifs qu'un beau songe, dont (49) l'illusion se détruit au moment du réveil (*s*). Les plaisirs de l'esprit et du cœur, ceux que nous goûtons en contemplant les œuvres de Dieu, sont solides et constans, parce qu'ils ouvrent une source inépuisable (*t*) de délices. Le ciel avec tous ses feux (*u*), la terre émaillée (*v*) de fleurs, le chant mélodieux des oiseaux, le doux murmure des fontaines, le cours majestueux d'une fleuve, la diversité des paysages, mille points de vue tous plus ravissans les uns que les autres (*x*), fournissent sans cesse de nouveaux *sujets* de contentement et de joie ; et si nous y sommes insensibles, c'est que (*y*) nous

(k) *Partir*; (l) *en comparacion*; (m) *vivo*; (n) Voyez page 177 de la Grammaire ; (o) *afectado*; (p) *con... gasto*; (q) *vacio espantoso*; (r) *fastidio*; (s) *de dispertarse*; (t) *inagotable*; (u) *astro*, *v*) *esmaltado*; (x) *á cual mas encantador*; (y) *es porque*.

voyons les œuvres de la nature d'un œil indifférent. La grande science du chrétien consiste à (108) jouir innocemment de tout ce qui l'environne ; il possède l'art de se rendre heureux dans toutes les circonstances, à peu de frais, et sans qu'il en (z) coûte à sa vertu.

Nous gagnons à (a) tous égards à étudier la nature, et c'est (40) avec raison qu'on * peut l'appeler une école pour le cœur, puisqu'elle nous enseigne clairement les devoirs auxquels nous sommes tenus (b) envers Dieu, envers nous-mêmes et envers nos semblables. Quelle profonde vénération m'inspire pour le souverain Être (c) la pensée (d) que c'est lui qui non seulement à tiré la terre néant, mais (e) qui l'a suspendue dans la vide avec toutes les créatures qu'elle renferme ; que c'est (40) sa main puissante qui retient le soleil dans son orbite immense, et la mer dans ses limites ! Puis-je trop m'anéantir (f) en présence du Créateur de ces monde innombrables qui roulent (g) sur ma tête ? Pourrais-je ne pas frémir (h) à la seule pensée d'offenser ce Dieu dont (49(la puissance est sans bornes, et qui, d'un seul regard, pourrait me rendre (108) à mon premier néant ?

La nature peut *devenir* une excellente école pour le cœur. Soyons attentifs à ses leçons ; profitons-en * avec docilité. C'est là que (40) nous apprendrons la vrai science, cette science qui n'est jamais accompagnée de dégoût et d'ennui : elle nous donnera la connaissance de Dieu, et nous y fera trouver les avant-goûts (i) du bonheur de cet autre monde,

(z) *Cueste nada* ; (a) *bajo de....* ; (b) *obligado* ; (c) *Ser Supremo* ; (d) *de que* ; (e) *sino tambien* ; (f) *anonadar* ; (g) *girar* ; (h) *estremecerse* ; (i) *gusto anticipado*.

où n'étant plus bornées aux premiers élémens de la sagesse, notre sainteté et nos lumières se perfectionneront pendant toute l'éternité. Occupés à (101) cette étude, nous sentirons s'écouler doucement nos jours terrestres : la bonté du Créateur nous y prodiguera les plaisirs les plus touchans (*j*) ; mille sources (*k*) de délices s'ouvriront pour nous ; la joie et l'allégresse pénétreront de (*l*) toutes parts dans nos cœurs. O homme, qui que tu sois (43), préfère cette noble jouissance aux vains plaisirs du monde ! Puisse (*m*), dans les jours de ton printemps, la vue de la belle nature te toucher plus (*n*) que la perfide volupté (*o*) qui ne flatte que les sens, et n'intéresse point l'ame ! Etude-toi à (*p*) trouver Dieu dans toutes ses œuvres ; demande-lui qu'il t'apprenne (108) à l'étudier toi-même ; et, si ton bonheur n'est point encore parfoit ici-bas, c'est (40) qu'il ne pourra l'être que dans la possession de celui qui peut seul remplir ton cœur et combler tes désirs.

(j) *Tierno, patético,* ici traduisez : *vivo ;* (k) *fuente ;* (l) *por ;* (m) *ojala, plegue á Dios que ;* (n) *tocar, mover ;* (o) *deleite ;* (p) *esforzarse por.*

FÉNELON.

DESCRIPTION DE LA BÉTIQUE OU ANDALOUSIE.

Le fleuve Bétis (*q*) coule dans un pays fertile et sous un ciel doux, qui *est* toujours serein : le pays a pris le nom de ce fleuve, qui se jette (*r*) dans le grand Océan, assez près des colonnes d'Hercule, et de cet endroit où la mer furieuse, rompant ses digues (*s*), sépara autrefois (*t*) la terre de Tarsis d'avec (*u*) la grande Afrique. Ce pays semble (*v*) avoir conservé les délices de l'âge d'or ; les hivers y sont tièdes (*x*), et les rigoureux aquilons n'y soufflent jamais. L'ardeur de l'été y est toujours tempérée par des zéphyrs rafraîchissans (*y*) qui viennent (60) adoucir l'air vers le milieu du jour. Ainsi toute l'année n'est qu'un heureux hymen (*z*) du printemps (*a*) et de l'automne (*b*), qui semblent se donner la main. La terre dans les vallons et dans les campagnes unies (*c*), y porte chaque année une double moisson (*d*). Les chemins y *sont* bordés de lauriers (*e*), de grenadiers (*f*), de jasmins, et d'autres arbres toujours verts et toujours fleuris. (*g*) Les montagnes sont couvertes de troupeaux qui four-

(q) Aujourd'hui *Guadalquivir ;* (r) *desembocar ;* (s) *dique ;* (t) *en otro tiempo ;* (u) *de la..... ;* (v) *parecer ;* (x) *tibio, templado ;* (y) *fresco ;* (z) *himeneo ;* (a) *primavera ;* (b) *otoño ;* (c) *llanura ;* (d) *cosecha ;* (e) *laurel ;* (f) *granado ;* (g) *y....*

nissent des laines fines, recherchées de (*h*) toutes les nations connues. Il y a plusieurs mines d'or et d'argent dans ce beau pays ; mais les habitans, simples, et heureux dans leur simplicité, ne daignent (99) pas seulement (*i*) compter l'or et l'argent parmi leurs richesses (*j*) ; ils n'estiment que ce qui sert véritablement aux besoins de l'homme.

Quand nous avons commencé (78) à faire notre commerce chez ces peuples, nous avons trouvé l'or et l'argent parmi eux employés aux mêmes usages que le fer; par exemple, pour des socs (*k*) de charrue (*l*). Comme (*m*) ils ne faisaient aucun commerce au dehors (*n*), ils n'avaient besoin d'aucune monnaie : (*o*) ils sont presque tous bergers ou laboureurs. On voit en ce pays peu d'artisans, car ils ne veulent souffrir que les arts qui servent aux véritables nécessités des hommes. Encore même la plupart des hommes en ce pays, quoique adonnés (*p*) à l'agriculture, ou à conduire des troupeaux, ne laissent pas d'exercer les arts nécessaires pour leur vie simple et frugale. Les femmes filent (*q*) cette belle laine, et en font des étoffes fines et d'une merveilleuse blancheur ; elles font le pain, apprêtent (*r*) à manger, et ce travail leur est facile, car on ne vit en ce pays que de fruits ou de lait, rarement de viande (*s*) : elles emploient le cuir de leurs moutons (*t*) à faire une légère chaussure (*u*) pour elles, pour leurs maris et pour leurs enfans: elles font des tentes, dont (*v*) les unes

(h) *Por todas ;* (i) *siquiera ;* (j) *porque ;* (k) *reja ;* (l) *arado ;* (m) *porque como ;* (n) *en lo esterior ;* (o) *casi todos son.... y se ven ;* (p) *dado ;* (q) *hilar ;* (r) *preparar la comida ;* (s) *carne ;* (t) *piel de carnero ;* (u) *calzado ;* (v) *que son las unas de...*

sont de peaux cirées (x), et les autres d'écorce (y) d'arbres; elles font et lavent tous les habits de la famille, (z) tiennent les maisons dans un ordre et une propreté (a) admirables. Leurs habits sont aisés à (101) faire, car, en ce doux climat, on ne porte qu'une pièce d'étoffe (b) fine et légère, qui n'est point taillée (c), et que chacun met à longs plis (d) autour de son corps pour la modestie, lui donnant la forme qu'il veut. Les hommes n'ont d'autres arts à exercer, outre la culture des terres, et la conduite (e) des troupeaux, que l'art de mettre (f) le bois et le fer en œuvre; (g) encore même ne se servent-ils guère du fer, excepté pour les instrumens nécessaires au labourage (h). Tous les arts qui regardent l'architecture leurs sont inutiles, car ils ne bâtissent jamais de maisons: (i) c'est (138), disent-ils, s'attacher trop à la terre que de s'y faire une demeure (j) qui dure beaucoup plus que nous; il suffit de se défendre des injures de l'air. Pour (k) tous les autres arts estimés chez les Grecs, chez les Égyptiens et chez tous les autres peuples bien policés (l), ils les détestent comme des inventions de la vanité et de la mollesse (m). Quand on leur parle de peuples qui ont l'art de faire des bâtimens superbes, des meubles d'or et d'argent, des étoffes ornées de broderies (n) et de pierres précieuses, des parfums exquis, des mets (o) délicieux, des instrumens dont (41) l'harmonie charme, ils répondent en ces termes:

(x) *Encerar*; (y) *corteza*; (z) *y mantienen*; (a) *limpieza*; (b) *tela*; (c) *cortado*; (d) *pliegue*; (e) *guarda*; (f) *trabajar en madera y*; (g) *y.....*; (h) *labranza*; (i) *porque dicen que es*; (j) *habitacion*; (k) *en cuanto á todos los demas*; (l) *civilizado*; (m) *afeminacion*; (n) *bordado*; (o) *manjar.*

Ces peuples sont bien malheureux d'avoir employé tant de travail et d'industrie à se corrompre *eux-mêmes* : ce superflu (*p*) amollit (*q*), enivre (*r*), (83) tourmente ceux qui le possèdent ; il tente ceux que en sont privés, de vouloir l'acquérir par l'injustice et par la violence. Peut-on nommer bien, un superflu qui ne sert qu'à rendre les hommes mauvais? Les hommes de ce pays, sont-ils plus sains et plus robustes que nous? vivent-ils plus long-temps? sont-ils plus unis entre *eux?* mènent-ils une vie plus libre, plus tranquille, plus gaie? Au contraire, ils doivent être jaloux les uns des autres, rongés (*s*) par une lâche et noire envie, toujours agités par l'ambition, par la crainte, par l'avarice, incapables de plaisirs purs et simples, puisqu'ils sont esclaves de tant de fausses nécessités dont ils font dépendre tout leur bonheur. C'est ainsi (40), continuait Adoam, que parlent ces hommes sages, qui n'ont appris la sagesse qu'en étudiant la simple nature; ils ont horreur de notre politesse (*t*), et il faut avouer que la leur est grande dans leur aimable simplicité. Ils vivent tous ensemble (*u*) sans partager les terres ; (83) chaque famille est gouvernée par son chef, qui en ✶ est le véritable roi. Le père de famille est en droit de punir chacun de ses enfans ou petits-enfans (*v*), qui fait une mauvaise action; mais avant que de le punir, il prend l'avis (108) du reste de la famille. Ces punitions n'arrivent presque jamais : car l'innocence des mœurs, la bonne foi, l'obéissance et l'horreur du vice habitent dans cette heureuse terre. Il semble qu'Astrée, qu'on dit retirée dans le ciel, est encore ici-bas

(p) *Estas superfluidades ;* (q) *afeminar ;* (r) *embriagar ;* (s) *roer ;* (t) *urbanidad ;* (u) *juntos ;* (v) *nieto.*

cachée parmi ces hommes. Il ne faut (*x*) point de juges parmi eux ; car leur propre conscience les juge. Tous les biens
sont communs, les fruits des arbres, les légumes (*y*) de la
terre, le lait des troupeaux sont des richesses si abondantes,
que des peuples si sobres et si modérés n'ont pas besoin de
les partager; chaque famille, errante dans ce beau pays,
transporte ses tentes d'un lieu à un autre, quand elle a con-
sumé les fruits et épuisé (*z*) les pâturages (*a*) de l'endroit où
elle s'était mise : ainsi ils n'ont point d'intérêts à soutenir les
uns contre les autres, et ils s'aiment tous d'un amour fraternel
que rien ne trouble. C'est le retranchement (*b*) des vaines richesses et des plaisirs trompeurs qui leur conserve cette paix,
cette union et cette liberté. Ils sont tous libres, tous égaux;
(83) on ne voit parmi eux aucune distinction que celle qui
vient de l'expérience des sages vieillards, ou la sagesse ex-
traordinaire de quelques jeunes hommes qui égalent les vieillards consommés en vertu; la fraude, la violence, le parjure, les procès (*c*), les guerres, ne font jamais entendre leur
voix cruelle et empestée (*d*) dans ce pays chéri des dieux. Jamais le sang humain n'a rougi (*e*) cette terre; à peine y voit-
on couler celui des agneaux (*f*). Quand on parle à ces peuples des batailles sanglantes, des rapides conquêtes, des ren-
versemens (*g*) d'États qu'on voit dans les autres nations , ils
ne peuvent assez s'étonner (*h*). Quoi! disent-ils, les hommes ne sont-ils pas assez mortels, sans se donner encore les
uns aux autres une mort précipitée? la vie est si courte , et

(x) *No necesitan ;* (y) *legumbre ;* (z) *apurar;* (a) *pasto ;* (b) *cer-
cen, privacion ;* (c) *pleito ;* (d) *apestar ;* (e) *colorear , manchar ;*
(f) *cordero ;* (g) *trastorno ;* (h) *no se cansan de admirarse.*

il semble qu'elle leur paraisse trop longue! sont-ils sur la terre pour se déchirer (i) les uns les autres, et pour se rendre mutuellement malheureux? Au reste, ces peuples de la Bétique ne peuvent comprendre qu'on admire tant les conquérans qui subjuguent les grands empires : Quelle folie, disent-ils, de mettre son bonheur à gouverner les autres hommes, dont le gouvernement donne tant de peine, si on veut les gouverner avec raison et suivant la justice! Mais pourquoi prendre plaisir à (101) les gouverner malgré eux?

L'AUTEUR DE L'ESSAI

SUR LA LITTÉRATURE ESPAGNOLE.

On pourrait citer plus de douze mille productions dramatiques en langue castillane, nombre qui surpasse (j) celui que toutes les autres nations de l'Europe ensemble (k) pourraient réunir. Parmi les défauts dont leur théâtre abonde, il se trouve (68) souvent des beautés du premier ordre. J'en citerai, comme exemple, les bons mots (l), les incidens, les actions même que Molière et les deux Corneille lui ont empruntés (m). Carlo Gozzi, auteur italien, qui a joui d'une grande réputation dans le siècle dernier, avait puisé là (n) les sujets (108) de toutes ses pièces (o), qui eurent un si pro-

(i) *Desgarrarse;* (j) *escedor;* (k) *juntas;* (l) *dichos agudos;* (m) *tomar prestado, copiar;* (n) *tomar de allí;* (o) *composiciones.*

digieux succès à Venise (*p*). J'indique ces heureux lar-
cins (*q*) faits par des Italiens et des Français, pour prouver
que le théâtre espagnol n'est pas dépourvu (*r*) des ressorts
qui ont constitué dans tous les lieux l'essence de la bonne
comédie. En fait de verve (*s*) et de gaité (*t*), les Espagnols ne
cèdent à aucun peuple, et pèchent bien moins par défaut
que par excès.

L'Espagne a des traductions sans nombre des poètes grecs,
latins, provençaux, italiens, portugais, et même depuis peu
de quelques poètes français. On peut dire que la plus grande
richesse littéraire des Espagnols est dans ce genre, où ils
ont prouvé toute l'étendue et toute la flexibilité de leur
langue; j'ajoutairai de leur esprit, car la plus grande difficulté, en traduisant, est de (72) conserver le mouvement et
la couleur dont le texte est animé; il faut pour cela que l'esprit du traducteur s'échauffe(*u*), s'étende, s'élève comme celui
de l'auteur original, et l'on * sent combien il est difficile de
se maintenir dans cet état de transformation artificielle. Cependant les Espagnols ont été, dans le seizième siècle surtout, aussi loin en ce genre qu'il soit (75) possible de l'imaginer, et depuis les Grecs jusqu'aux modernes, ils se sont *
approprié une grande partie des richesses de la littérature
étrangère.

Un fait digne de remarque, c'est que, parmi cette multitude de commentaires sur des ouvrages plus ou moins,
connus, il ne s'en * trouve pas un seul sur le chef-d'œuvre
de Cervantes. Je ne puis attribuer cette exception qu'à l'ad-

---

(p) *Venecia;* (q) *hurto;* (r) *desprovisto;* (s) *verbosidad,*
(t) *jovialidad;* (u) *calentar.*

miration qu'il inspire. Les Espagnols honorent leur goût en appliquant à leur meilleur écrivain le seul commentaire que Voltaire ait (75) osé se permettre sur le plus sublime des nôtres : « Beau ! profond ! inimitable ! » Au reste, toutes les traductions ne donnent qu'une idée incomplète du fameux D. Quichotte. Un anglais faisait son compliment sincère au poète Rowe, sur ce (v) qu'il pouvait le lire en langue originale. Moi j'engage (x) ceux qui ne la savent pas à l'apprendre pour jouir du même avantage (83). Je puis les assurer d'avance (y) qu'il me sauront gré du (z) conseil que je leur donne. La littérature espagnole est une mine féconde, peu connue et peu exploitée (a) encore, qui leur promet une foule de jouissances nouvelles. On (b) sera étonné, peut-être, de trouver autant de productions marquées au coin (c) du bon goût, dans une langue assez généralement regardée comme vouée (d) à l'emphase et à l'hyperbole. Son malheur est d'avoir été jugée sur ses Cotin, ses Voitures et ses Scudéri.

(v) *De que* ; (x) *escitar* ; (y) *de antemano* ; (z) *agradecer el consejo* ; (a) *beneficiar* ; (b) *el lector, ou el curioso se admirará* ; (c) *con el sello* ; (d) *consagrar.*

PETIT VOCABULAIRE

ou

LISTES DES MOTS LES PLUS USITÉS.

————

CHAPITRE PREMIER.

NOMS SUBSTANTIFS. (1).

On les a divisés et subdivisés en différentes classes, afin que les commençans puissent s'en servir plus commodément. Presque tous sont précédés d'un article ou d'un pronom qui indique leur genre masculin ou féminin.

(1) Nous avons suivi dans ces listes l'ordre grammatical. Les élèves pourront en suivre un autre dans l'étude, et commencer par le quatrième chapitre, où l'on a mis les listes des prépositions, des conjonctions et des adverbes les plus usités, et qui en effet est le plus utile pour les commençans.

Nº 1. — *Choses appartenant à la Religion.*

DIEU, LES SAINTS, ETC.

Dieu, *Dios.*

Jésus-Christ, *Jesu-Cristo.*

Le Saint-Esprit, *el Espíritu Santo.*

Le Rédempteur, *el Redentor.*

Le Créateur, *el Criador.*

Notre-Dame, *Nuestra Señora.*

La Sainte Vierge, *la Santísima Virgen.*

Une créature, *una criatura.*

La nature, *la naturaleza.*

Un esprit, *un espíritu.*

Un corps, *un cuerpo.*

Le ciel, *el cielo.*

Le paradis, *el paraiso.*

La gloire, *la gloria.*

Un ange, *un ángel.*

Un saint, *un santo.*

Un bienheureux, *un bienabenturado.*

Un martyr, *un mártir.*

Un prophète, *un profeta.*

Un évangéliste, *un evangelista.*

Un apôtre, *un apóstol.*

Un patriarche, *un patriarca.*

L'enfer, *el infierno.*

Le diable, *el diablo.*

Le démon, *el demonio.*

Les damnés, *los condenados.*

Le purgatoire, *el purgatorio.*

Les ames, *las almas.*

Un fantôme, *una fantasma.*

DIGNITÉS ECCLÉSIASTIQUES.

Le clergé, *el clero.*

Un prélat, *un prelado.*

Le pape, *el papa.*

Le patriarche, *el patriarca.*

Un cardinal, *un cardenal.*

Un archevêque, *un arzobispo.*

Un évêque, *un obispo.*

Un prêtre, *un sacerdote.*

Un diacre, *un diácono.*

Un sous-diacre, *un subdiácono.*

Le chapitre, *el cabildo.*

Le doyen, *el dean.*

Un chanoine, *un canónigo,*

Un prébendier, *un racionero.*

Un enfant de chœur, *un mo-
nacillo.*

Un curé, *un cura párroco.*

Un abbé, un ecclésiastique,
un abate, un clérigo, ou
un eclesiástico.

Un sacristain, *un sacristan.*

Le vicaire, *el vicario.*

Un abbé (chef d'un monas-
tère), *un abad.*

Une abbesse, *una abadesa.*

Un prieur, *un prior.*

Un gardien, *un guardian.*

Une abbaye, *una abadia,*

Un prieuré, *un priorato.*

Une commanderie, *una en-
comienda.*

Un commandeur, *un comen-
dador.*

Un canonicat, *un canonicato.*

Une cure, *un curato.*

Un païen, *un pagano.*

Un juif, *un judío.*

Un grec schismatique, *un
griego cismático.*

Un mahométan, *un mahome-
tano.*

Un stoïcien, *un estóico.*

Un épicurien, *un epicureo.*

Un sceptique, *un escéptico.*

Un arien, *un arriano.*

Un socinien, *un sociniano.*

Un saducéen, *un saduceo.*

Un pharisien, *un fariseo.*

Un manichéen, *un maniqueo.*

Un vaudois, *un valdense.*

Un albigeois, *un albigense.*

Un puritain, *un puritano.*

Un huguenot, *un uguenote.*

Un presbitérien, *un presbite-
riano.*

Un quaker, *un cuácaro.*

RELIGIONS ET SECTES.

Un chrétien, *un cristiano.*
Un catholique, *un católico.*
Un hérétique, *un herege.*
Un protestant, *un protestante.*
Un calviniste, *un calvinista.*
Un luthérien, *un luterano.*

FÊTES ECCLÉSIASTIQUES.

Le premier jour de l'an, *el
dia de año nuevo.*
Le carnaval, *carnestolendas,*
ou *carnaval.*
Le mardi-gras, *mártes de
carnestolendas.*

Le mercredi des cendres, *miércoles de ceniza.*

Le caréme, *la cuaresma.*

La semaine sainte, *la semana santa.*

Le dimanche des Rameaux, *el domingo de ramos.*

Pâques, *pascua de resurreccion.*

La Pentecôte, *fiesta de pentecóstes.*

La Fête-Dieu, *el Córpus.*

La Saint-Jean, *el dia de San Juan.*

La Saint-Pierre, *el dia de San Pedro.*

La Toussaint, *el dia de todos los Santos.*

Le jour des Morts, *el dia de difuntos.*

L'Avent, *el Adviento.*

Noël, *Navidad.*

Le jour des Innocens, *dia de los Santos Inocentes.*

Vigile, *vigilia.*

Jour de jeûne, *dia de ayuno.*

Jour maigre, *dia de viérnes.*

Jour gras, *dia de carne.*

. L'ÉGLISE.

Une église, *una iglesia.*

Un temple, *un templo.*

Une chapelle, *una capilla.*

La nef, *la nave de la iglesia.*

Le chœur, *el coro.*

Le lutrin, *el facistol.*

La sacristie, *la sacristia.*

Un autel, *un altar.*

Le grand-autel, le maître autel, *el altar mayo*

Le calice, *el cáliz.*

La patène, *la patena.*

Les corporaux, *los corporales.*

Un reliquaire, *un relicario.*

Une relique, *una reliquia.*

L'ostensoir, *la custodia.*

Une lampe, *una lámpara.*

Le pupitre, *el atril.*

Le missel, *el misal.*

La messe, *la misa.*

Une grande messe, *una misa cantada.*

La basse messe, *misa rezada.*

L'Évangile, *el Evangelio.*

Une prière, *una oracion.*

Une neuvième, *un novenario.*

Un vœu, *un voto,* ou *una promesa.*

Un sacrement, *un sacramento.*
Le baptême, *el bautismo.*
La communion, *la comunión.*
Le viatique, *el viático.*
Les saintes huiles, *el óleo.*
Une aumône, *una limosna.*
Le plain-chant, *el canto llano.*
Un sermon, *un sermon.*
La sainte écriture, *la sagrada escritura.*
La Bible, *la Biblia.*
La chaire, *el púlpito.*
Le bénitier, *la pila del agua bendita.*
Les fonts de batême, *la pila del bautismo.*
L'aspergès, ou le goupillon, *el hisopo.*

L'encensoir, *el incensario.*
Un clocher, *un campanario.*
Une cloche, *una campana.*
Une horloge, *un reloj de iglesia.*
Une girouette, *una veleta.*
Le cloître, *el claustro.*
Le cimetière, *el cimenterio.*
Un enterrement, *un entierro.*
Un cercueil, ou une bière, *un ataud.*
La croix, *la cruz.*
Un flambeau, *una hacha.*
L'éteignoir, *el apagador.*
Un cierge, *un cirio,* ou *vela de cera.*
Un orgue, *un órgano.*
Un organiste, *un organista.*

N.º 2. — *De l'Homme.*

NOMS PROPRES.

Adrien, *Adriano.*
Agathe, *Águeda.*
Agnan, *Aniano.*
Agnès, *Ines.*
Alexandre, *Alejandro.*
Alexis, *Alejo.*
Ambroise, *Ambrosio.*

André, *Andres.*
Ange, *Ángel.*
Anne, *Ana.*
Annette, *Anita.*
Antoine, *Antonio.*
Antoinette, *Antoñita,* ou *Antonina.*
Apolline, *Polonia.*
Apollon, *Apolo.*

Appien, *Apiano.*
Aristote, *Aristóteles.*
Arnand, *Arnaldo.*
Arnobe, *Arnobio.*
Arnoul, *Arnoldo.*
Arius, *Arrio.*
Barbe, *Bárbara.*
Barnabé, *Bernabé.*
Barthélemi, *Bartolomé.*
Basile, *Basilio.*
Baudouin, *Balduino.*
Béatrix, *Beatriz.*
Bélisaire, *Belisario.*
Benoît, *Benito.*
Bernard, *Bernardo.*
Blaise, *Blas.*
Boèce, *Boecio.*
Boleslas, *Boleslao.*
Bonaventure, *Buenaventura.*
Brigitte, *Brigida.*
Caïphe, *Caifas.*
Cajetan, *Cayetano.*
Catherine, *Catalina.*
Cécile, *Cecilia.*
Charles, *Cárlos.*
Charlot, *Carlitos.*
Charlotte, *Carlota.*
Christophe, *Cristóbal.*
Claire, *Clara.*
Claude, *Claudio.*

Claudine, *Claudia.*
Clotaire, *Clotario.*
Cloud, *Clodoaldo.*
Clovis, *Clodoveo.*
Colas, *Nicolasito.*
Colette, *Nicolasita.*
Colin, *Nicolasito.*
Côme, *Cosme.*
Constance, *Constancio*, ou *Constancia.*
Corneille, *Cornelio.*
Crépin, *Crispin.*
Crépinien, *Crispiniano.*
Cyprien, *Cipriano.*
Denis, *Dionisio.*
Didier, *Desiderio.*
Didon, *Dido.*
Dié, *Adeodato.*
Dominique, *Domingo.*
Eleuthère, *Eleuterio.*
Élisabeth, *Isabel.*
Éloi, *Eligio.*
Émile, *Emilio.*
Émilien, *Emiliano.*
Emmanuel, *Manuel.*
Étienne, *Estéban.*
Eudes, *Odon*, ou *Eudon.*
Eugène, *Eugenio.*
Eusèbe, *Eusebio.*
Félix, *Felix.*

Ferdinand, *Fernando.*
Firmin, *Fermin.*
Flave, *Flavio.*
Flavien, *Flaviano.*
François, *Francisco.*
Françoise, *Francisca.*
Frédéric, *Federico.*
Gall, *Galo.*
Galien, *Galiano.*
Geneviève, *Genoveva.*
Geoffroy, *Gofredo,* ou *Jofre.*
Georges, *Jorge.*
Germain, *German.*
Gertrude, *Gertrúdis.*
Gervais, *Gervasio.*
Gilles, *Gil.*
Godard, *Gotardo.*
Godefroy, *Gofredo.*
Gondebaud, *Gondebaldo.*
Grégoire, *Gregorio.*
Groce, *Grocio.*
Guy, *Guido.*
Guillaume, *Guillermo.*
Henri, *Henrique.*
Henriette, *Henriqueta.*
Hilaire, *Hilario.*
Honoré, *Honorato.*
Horace, *Horacio.*
Hugues, *Hugo.*
Hyacinthe, *Jacinto.*

Isabelle, *Isabel.*
Innocent, *Inocencio.*
Jacques, *Santiago, Jacobo,* ou *Jaime.*
Janvier, *Genaro.*
Jean, *Juan.*
Jeanne, *Juana.*
Jeannette, *Juanita.*
Jeannot, *Juanito.*
Jérôme, *Gerónimo.*
Joachim, *Joaquin.*
Joseph, *José.*
Jouin, *Jovino.*
Jovien, *Joviano.*
Jules, *Julio.*
Julien, *Julian.*
Junon, *Juno.*
Justin, *Justino.*
Justinien, *Justiniano.*
Lactance, *Lactancio.*
Ladislas, *Ladislao.*
Laurent, *Lorenzo.*
Léopold, *Leopoldo.*
Libère, *Liberio.*
Lin, *Lino.*
Louis, *Luis.*
Loup, *Lupo.*
Luc, *Lúcas.*
Luce, *Lucía.*
Lucain, *Lucano.*

Lucien, *Luciano.*
Macaire, *Macario.*
Madeleine, *Magdalena.*
Mahomet, *Mahoma.*
Mainfroy, *Manfredo.*
Marc, *Márcos.*
Marcel, *Marcelo.*
Mars, *Marte.*
Martin, *Martin.*
Mathieu, *Mateo.*
Maur, *Mauro.*
Mayeul, *Mayolo.*
Médard, *Medardo.*
Mercure, *Mercurio.*
Michée, *Miqueas.*
Michel, *Miguel.*
Nectaire, *Nectario.*
Nicaise, *Nicasio.*
Nicodème, *Nicodemus.*
Noël, *Natal.*
Octave, *Octavio.*
Optat, *Optato.*
Ovide, *Ovidio.*
Ozée, *Oseas.*
Pacôme, *Pacomio.*
Pascal, *Pascual.*
Patien, *Paciano.*
Paul, *Pablo.*
Pélage, *Pelagio.*
Pétronne, *Petronio.*

Philippe, *Felipe.*
Pie, *Pio.*
Pierre, *Pedro.*
Pierrot, *Perico.*
Pilate, *Pilátos.*
Placide, *Plácido.*
Pline, *Plinio.*
Pompée, *Pompeyo.*
Ponce, *Poncio.*
Procope, *Procopio.*
Quadrat, *Cuadrado.*
Quirice, *Quiricio.*
Raoul, *Raolio.*
Reine, *Regina.*
Remi, *Remigio.*
Renaud, *Reynaldo.*
Reymond, *Ramon*, ou *Raymundo.*
Richard, *Ricardo.*
Roch, *Roque.*
Roger, *Rogerio.*
Rose, *Rosa.*
Rosalie, *Rosalia.*
Scholastique, *Escolástica.*
Sigismond, *Sigismundo.*
Simon, *Simon.*
Stace, *Estacio.*
Stanislas, *Estanislao.*
Tertullien, *Tertuliano.*
Thérèse, *Teresa.*

Thibaud, *Teobaldo.*
Thomas, *Tomas.*
Tibère, *Tiberio.*
Tite-Live, *Tito Livio.*
Tobie, *Tobias.*
Toinon, *Antoñito.*
Uladislas, *Uladislao.*
Valens, *Valente.*
Valentinien, *Valentiniano.*
Valère, *Valerio.*
Valérien, *Valeriano.*
Végéce, *Vegecio.*
Vigile, *Vigilio.*
Vincent, *Vicente.*
Volff, *Volfio.*
Vulcain, *Vulcano.*
Xavier, *Javier.*
Yves, *Ivo.*

INDIVIDUS DU GENRE HUMAIN

ET LEURS AGES.

Un homme, *un hombre.*
Une femme, *una muger.*
Un vieillard, *un viejo.*
Une vieille, *una vieja.*
Un garçon, *un muchacho.*
Un jeune homme, *un jóven.*
Une jeune fille, ou une jeune
  personne, *una jóven.*

Une dame, *una señora* ou
  una muger.
Une fille, *una muchacha*, ou
  una moza.
Un enfant, *un niño*, ou *una*
  niña.
Une demoiselle, *una donce-*
  lla, ou *una señorita.*
L'enfance, *la infancia.*
La jeunesse, *la juventud.*
La vieillesse, *la vejez.*

PARTIES DU CORPS.

Le corps, *el cuerpo.*
Les membres, *los miembros.*
La tête, *la cabeza.*
La cervelle, *los sesos.*
Le cou, *el pezcuezo*, *el cue-*
  llo.
Le cerveau, *el celebro.*
Les cheveux, *los cabellos.*
La chevelure, *la cabellera.*
Les tempes, *las sienes.*
Le front, *la frente.*
Les sourcils, *las cejas.*
L'œil, *el ojo.*
Les yeux, *los ojos.*
La prunelle, *la niña del ojo.*
Les paupières, *los párpados.*

Les oreilles, *las orejas.*

Le nez, *la nariz.*

Les narines, *las ventanas de la nariz.*

Le bout du nez, *la punta de la nariz.*

Nez camus, *nariz roma.*

Nez aquilin, *nariz aguileña.*

Le visage, ou la mine, *la cara.*

Les traits, *las facciones.*

La joue, *el carrillo,* ou *la mejilla.*

La bouche, *la boca.*

Les lèvres, *los labios.*

Les mâchoires, *las quijadas.*

Les gencives, *las encias.*

La langue, *la lengua.*

Le palais, *el paladar.*

Le filet, *el frenillo.*

La gorge, *la garganta.*

Le gosier, *el gaznate.*

Les dents, *los dientes.*

Les grosses dents, *las muelas.*

Le menton, *la barba.*

La barbe, *las barbas.*

Les épaules, *las espaldas,* ou *los hombros.*

L'épine du dos, *el espinazo.*

Le dos, *el lomo,* ou *la espalda.*

La poitrine, *el pecho.*

L'estomac, *el estómago.*

Le sein, la gorge, *los pechos.*

La mamelle, *la tetilla.*

Le ventre, *la barriga,* ou *el vientre.*

Le nombril, *el ombligo.*

Le côté, *el costado.*

Les côtes, *las costillas.*

Le cœur, *el corazon.*

Le foie, *el hígado.*

Les poumons, *los pulmones.*

La rate, *el bazo.*

Le fiel, *la hiel.*

Les entrailles, *las entrañas.*

La vessie, *la vegiga.*

Les boyaux, *las tripas.*

Le sang, *la sangre.*

Un os, *un hueso.*

Les veines, *las venas.*

Les nerfs, *los nervios.*

Les bras, *los brazos.*

Le coude, *el codo.*

Le poignet, *la muñeca.*

Une main, *una mano.*

La main droite, *la mano derecha.*

La main gauche, *la mano iz-
quierda.*
Le doigt, *el dedo.*
Le pouce, *el dedo pulgar:*
Le grand doigt, *el dedo ma-
yor.*
Le petit doigt, *el menique.*
Le bout des doigts, *la yema*
ou *la punta de los dedos.*
Le derrière, *el trasero.*
Les hanches, *las caderas.*
Les fesses, *las nalgas.*
Les cuisses, *los muslos.*
Les genoux, *las rodillas.*
Les jambes, *las piernas.*
Le gras de la jambe, ou le
mollet, *la pantorrilla.*
Le pied, *el pié.*
La cheville du pied, *el tobillo.*
La plante du pied, *la planta
del pié.*
Le talon, *el talon.*
Les cors au pied, *los callos.*
Les ongles, *las uñas.*
La moelle, *el tuétano.*
La chair, *la carne.*
La peau, *el pellejo.*
Le poil, *el pelo.*
Les moustaches, *los bigotes.*
Le teint, *la tez.*

Les larmes, *las lágrimas.*
La morve, *el moco.*
La salive, *la saliva.*
Un crachat, *un gargajo.*
L'urine, *la orina.*

CHOSES RELATIVES AU CORPS.

Le sommeil, *el sueño.*
Un songe, *un sueño.*
La voix, *la voz.*
La parole, *la palabra.*
La beauté, *la hermosura.*
La laideur, *la fealdad.*
La santé, *la salud.*
L'embonpoint, *la gordura.*
La maigreur, *la flacura.*
La mine, *el semblante.*
La taille, *el talle.*
L'air, *la traza.*
La démarche, *el andar.*
Le ris, ou le rire, *la risa.*
Les pleurs, *el llanto.*
L'haleine, *el aliento.*
Un soupir, *un suspiro.*
L'éternuement, *el esternudo.*
Le hoquet, *el hipo.*
Le ronflement, *el ronquido.*
Une grimace, *un gesto.*
Un geste, *un ademan.*

L'ouïe, *el oido.*
La vue, *la vista.*
Une posture, *una postura.*
L'odorat, *el olfato.*
Le goût, *el gusto.*
Le tact, *el tacto.*
La couleur, *el color.*
Le son, *el sonido.*
L'odeur, ou la senteur, *el olor.*
La puanteur, *el hedor.*
La saveur, *el sabor.*

DÉFAUTS ET MALADIES DU CORPS.

Une verrue, *una verruga.*
Une ride, *una arruga.*
Un bouton, *un grano.*
Un signe, *un lunar.*
Une loupe, *una lapia.*
Une bosse, *una corcoba.*
Une égratignure, *un araño.*
Marques de petite vérole, *pintas de viruelas.*
Rousseurs, *pecas.*
Une maladie, *una enfermedad.*
Une indisposition, *una indisposicion.*
Un mal, *un mal.*

Une douleur, *un dolor.*
Un mal de dents, *un dolor de muelas.*
Un mal de tête, *un dolor de cabeza.*
La fièvre, *la calentura.*
La fièvre tierce, *las tercianas.*
La fièvre quarte, *las cuartanas.*
La toux, *la tos.*
La peste, *la peste.*
la rabia.
Un flux de sang, *un flujo de sangre.*
Un rhume, *un resfriado.*
La petite vérole, *las viruelas.*
La rougeole, *el sarampion.*
La gale, *la sarna.*
Le mal vénérien, *el mal gálico.*
La jaunisse, *la tiricia.*
Une colique, *un dolor cólico.*
La migraine, *la jaqueca.*
La goutte, *la gota.*
Un évanouissement, *un desmayo.*
Une paralysie, *una perlesia.*
L'hydropisie, *la hidropesia.*

Le haut mal, *la gota coral.*
Une pleurésie, *un dolor de costado, una pulmonia.*
Des hémorrhoïdes, *almorranas.*
Une démangeaison, *comezon.*
La gangrène, *la gangrena.*
Une blessure, *una herida.*
Une coupure, *una cortadura.*
Une plaie, *una llaga.*
Une cicatrice, *una cicatriz.*
Des engelures, *sabañones.*

Un coup, *un golpe.*
Une fausse couche, *un mal parto.*
Un soufflet, une tape, *un manoton.*
Un coup de pied au cul, *un puntapié.*
Une chiquenaude, *un papirote.*
La vie, *la vida.*
La mort, *la muerte.*
La résurrection, *la resurreccion.*

Nº 3. — *De l'Ame, des Sciences, etc*

L'AME, SES FACULTÉS, SES AFFECTIONS.

L'ame, *el alma.*
L'esprit, *el entendimiento.*
L'imagination, *la imaginacion.*
La mémoire, *la memoria.*
La volonté, *la voluntad.*
La raison, *la razon.*
Le sens, *el sentido.*
Le génie, *el genio.*
La stupidité, *la estupidez.*
La vivacité, *la viveza.*

L'oubli, *el olvido.*
La sagesse, *la sabiduría.*
La folie, *la locura.*
La connaissance, *el conocimiento.*
L'amour, *el amor.*
L'erreur, *el error.*
L'horreur, *el aborrecimiento.*
La haine, *el odio.*
La honte, *la vergüenza.*
La crainte, *el temor.*
La paix, *la paz.*
La joie, *la alegria.*
La jouissance, *el goze.*

Le repos, *el sosiego.*
La tranquillité, *la tranquilidad.*
La tristesse, *la tristeza.*
Le plaisir, *el placer.*
La douleur, *el dolor.*
Le dégoût, ou le déplaisir, *el disgusto.*
Le doute, *la duda.*
Le soupçon, *la sospecha.*
Le désir, *el deseo.*
La hardiesse, *el atrevimiento.*
L'arrogance, *la arrogancia.*
La timidité, *la timidez.*
La confiance, *la confianza.*
La colère, *la cólera.*
Le courage, *el ánimo.*
La pitié, *la piedad.*
La valeur, *el valor.*

VERTUS ET VICES.

La vertu, *la virtud.*
Le vice, *el vicio.*
Un défaut, *un defecto.*
Une imperfection, *una imperfeccion.*
Les bonnes qualités, *las buenas prendas.*
Les mauvaises qualités, *las malas prendas.*

La prudence, *la prudencia.*
La justice, *la justicia.*
La foi, *la fe.*
L'espérance, *la esperanza.*
La charité, *la caridad.*
La bonté, *la bondad.*
La pureté, *la pureza.*
La chasteté, *la castidad.*
La modestie, *la modestia.*
La pudeur, *el pudor.*
La générosité, *la generosidad.*
La libéralité, *la liberalidad.*
La frugalité, *la frugalidad.*
La vérité, *la verdad.*
L'industrie, *la industria.*
L'économie, *la economia.*
L'épargne, *el ahorro.*
La patience, *la paciencia.*
La constance, *la constancia.*
La clémence, *la clemencia.*
La reconnaissance, *el agradecimiento.*
L'honnêteté, *la honestidad.*
La docilité, *la docilidad.*
L'amitié, *la amistad.*
La sagacité, *la sagacidad.*
La fidélité, *la fidelidad.*
La politesse, *la cortesia.*
La malice, *la malicia.*

La ruse, *la astucia.*
L'envie, *la envidia.*
La friponnerie, *la briboneria.*
La fraude, *el fraude.*
La lascivité, *la lascivia.*
La convoitise, *la codicia.*
L'adultère, *el adulterio.*
Une intrigue, *una intriga.*
Un mensonge, *una mentira.*
La prodigalité, *la prodiga-
lidad.*
L'avarice, *la avaricia.*
La témérité, *la temeridad.*
L'oisiveté, *la ociosidad.*
La fainéantise, *la holgaza-
neria.*
L'inconstance, *la inconstan-
cia.*
La négligence, *el descuido.*
La paresse, *la pereza.*
L'opiniâtreté, *la porfia.*
L'ingratitude, *la ingratitud.*
La méchanceté, *la maldad.*
L'infamie, *la infamia.*
L'orgueil, *la soberbia.*
L'imprudence, *la impruden-
cia.*
La lâcheté, *la cobardia.*
L'incrédulité, *la increduli-
dad.*

Le désespoir, *la desespera-
cion.*
La gourmandise, *la gloto-
neria.*
L'ivrognerie, *la borrachera.*
Le luxe, *el lujo.*
La luxure, *la lujuria.*
L'ambition, *la ambicion.*
L'impiété, *la impiedad.*
L'homicide, *el homicidio.*
Le vol, *el robo.*
Une révolte, *un motin.*
Une trahison, *una alevosia.*
La dissimulation, *la disimu-
lacion.*
La mesquinerie, *la cicateria.*
La médisance, *la murmura-
cion.*
La perfidie, *la perfidia.*
Le caprice, *el capricho.*

PERSONNES VICIEUSES.

Un vaurien, *un bribon.*
Un coquin, *un picaro.*
Un méchant, *un travieso.*
Un libertin, *un libertino.*
Un trompeur, *un tramposo.*
Un menteur, *un embustero.*
Un filou, *un ratero.*

Un querelleur, *un pendenciero.*

Un voleur, *un ladron.*

Un escroc, *un estafador.*

Un maquereau, *un alcahuete.*

Une maquerelle, *una alca-
hueta.*

Une femme du monde, ou
une fille de joie, *una muger pública, una ramera.*

Un sorcier, *un brujo.*

Une sorcière, *una bruja.*

Un fainéant, *un holgazan.*

Un vagabond, *un vagamundo.*

Un gueux, *un tunante.*

Un gourmand, *un goloso.*

Un joueur, *un jugador.*

Un joueur de profession, ou
un escroc, *an tahur.*

Un hypocrite, *un hipócrita.*

Un usurier, *un usurero.*

Un avare, *un avaro.*

Un vilain, ou un mesquin,
*un mesquino, un cicatero,
ou un miserable.*

Un présomptueux, ou un fat,
un presumido.

SCIENCES ET ARTS.

La science, *la ciencia.*

Un art, *un arte.*

Les arts libéraux, *las artes
liberales.*

L'art mécanique, *el arte me-
cánico.*

La grammaire, *la gramá-
tica.*

La rhétorique, *la retórica.*

La théologie, *la teología.*

La philosophie, *la filosofía.*

La physique, *la física.*

La morale, *la moral.*

La médecine, *la medicina.*

La chirurgie, *la cirugía.*

Le droit, *el derecho.*

La jurisprudence, *la juris-
prudencia.*

La poésie, *la poesía.*

L'histoire, *la historia.*

Les mathématiques, *las ma-
temáticas.*

L'arithmétique, *la aritmé-
tica.*

La géométrie, *la geometría.*

L'algèbre, *la álgebra.*

L'architecture, *la arquitec-
tura.*

L'astrologie, *la astrología.*
L'astronomie, *la astronomia.*
La chronologie, *la cronología.*
La tradition, *la tradicion.*
La peinture, *la pintura.*
La géographie, *la geografía.*
La sculpture, *la escultura.*
L'imprimerie, *la imprenta.*
L'escrime, *la esgrima.*
La danse, *el baile.*
La musique, *la música.*
L'écriture, *la escritura.*
Un savant, *un sabio.*
Un grammairien, *un gramá-tico.*
Un rhétoricien, *un retórico.*
Un philosophe, *un filósofo.*
Un physicien, *un físico.*
Un moraliste, *un moralista.*
Un médecin, *un médico.*
Un chirurgien, *un cirujano.*
Un poète, *un poeta.*
Un historien, *un historiador.*
Un auteur, *un autor.*
Un écrivain, *un escritor.*
Un mathématicien, *un mate-mático.*
Un arithméticien, *un arit-mético.*
Un géomètre, *un geómetra.*

Un architecte, *un arquitecto.*
Un astrologue, *un astrólogo.*
Un géographe, *un geógrafo.*
Un ingénieur, *un ingeniero.*
Un peintre, *un pintor.*
Un sculpteur, *un escultor.*
Un imprimeur, *un impresor.*
Un musicien, *un músico.*
Un comédien, *un comediante.*
Un violon, *un violinista.*
Un danseur, *un bailarin.*

DE L'ÉTUDE.

L'école, *la escuela.*
L'étude, *el estudio.*
Une chaire, *una cátedra.*
L'école, ou la classe, *el aula.*
Le professeur, *el catedrático.*
Du papier, *papel.*
Du papier blanc, *papel blan-co.*
Du papier gris, *papel de es-traza.*
Une main de papier, *una mano de papel.*
Une feuille, *una hoja.*
Une feuille entière, *un plie-go.*
Un cahier, *un cuaderno.*

Un livre, *un libro.*
Une page, *una página.*
Un tome, *un tomo.*
L'encre, *la tinta.*
L'encrier, *el tintero.*
Une plume, *una pluma.*
Le bec de la plume, *la punta de la pluma.*
Un canif, *un cortaplumas.*
La poudre, *los polvos.*
Le poudrier, *la salvadera.*
Une écritoire, *una escribanía.*
Du pain à cacheter, *oblea.*
Un cachet, *un sello.*
De la cire d'Espagne, *lacre.*
Du crayon, *lápiz.*
Un porte feuille, *una cartera.*
Une lettre, *una carta.*
Un billet, *una esquela.*
Une syllabe, *una sílaba.*
Une parole, ou un mot, *una palabra.*

Une phrase, *una frase.*
Un proverbe, *un refran.*
Une période, *un periodo.*
Un refrain, *un estribillo.*
Un accent, *un acento.*
Un point, *un punto.*
Une virgule, *una coma.*
La leçon, *la leccion.*
Un sujet, *un asunto.*
Une matière, *una materia.*
Un ouvrage, *una obra.*
Une traduction, *una traduccion.*
Une préface, *un prefacio.*
Une épître dédicatoire, *una dedicatoria.*
Un vers, *un verso.*
De la prose, *prosa.*
Une harangue, *una arenga.*
La gazette, *la gaceta.*
Le journal, *el diario.*
Un disciple, ou un écolier, *un discípulo.*

Nº 4. — *Choses destinées au service de l'homme,*

HABITS D'HOMME, ETC.

Les hardes, *la ropa.*
Le chapeau, *el sombrero.*

L'habit, *la casaca,*
La veste, *la chupa.*
Les culottes, *los calzones.*

Les revers, ou les bavaroises, *las solapas.*

Les parcmens, *las vueltas de la casaca.*

Le collet, *el collarin.*

La doublure, *el forro.*

La poche, *la faltriquera.*

Une chemise, *una camisa.*

Une chemise garnie, *una camiseta.*

Un gilet, *un chaleco.*

Des caleçons, *unos calzoncillos.*

Le col, *el corbatin.*

Les bas, *las medias.*

Les bas de dessous, *las calcetas.*

Les chaussons, *los escarpines.*

Les souliers, *los zapatos.*

Les boucles, *las hebillas.*

Les gants, *los guantes.*

Le bonnet, *el gorro.*

Une robe de chambre, *una bata.*

Les pantoufles, *las chinelas.*

Le manteau, *la capa.*

Un surtout, *un sobretodo.*

Une redingote, *una levita.*

Des bottes, *unas botas.*

La cinture, *la faja.*

Le linge blanc, *la ropa blanca.*

Un mouchoir, *un pañuelo.*

L'épée, *el espadin.*

Le ceinturon, *el bericú.*

Une montre, *un reloj de bolsillo.*

Les goussets, *los bolsillos de los calzones.*

Les jarretières, *las ligas.*

Les boutonnières, *los ojales.*

Les boutons, *los botones.*

Les manchettes, *las vueltas de la camisola.*

Une paire de manchettes, *un par de vueltas.*

Le jabot, *la guirindola.*

Un manchon, *un manguito.*

Une perruque, *una peluca.*

La boîte, *la caja.*

La canne, ou le bâton, *el baston.*

Les lunettes, *los anteojos.*

Les éperons, *las espuelas.*

Un parasol, *un quitasol.*

Un parapluie, *un paraguas.*

Un rasoir, *una navaja de afeitar.*

Une savonnette, *una bola de jabon.*

Le sac à poudre, *la bolsa de los polvos.*

La pommade, *la manteca.*

Un bâton de pommade, *un cabo de olor.*

La poudre, *los polvos.*

Un peigne, *un peine.*

HABITS DE FEMMES

Un bonnet, *una escofieta.*

Un corps, *una cotilla.*

Un corset, *un jubon.*

Une robe, *una bata.*

Un collier, *un collar.*

Des pendans d'oreilles, *unos pendientes.*

Une bague, *una sortija.*

Des bracelets, *unas pulseras.*

Une pièce d'estomac, *un peto.*

Un tour de gorge, *un escote.*

La mantille, ou manteline, *la mantilla.*

La basquine, *la basquiña.*

Un jupon, *un guardapies.*

La jupe de dessous, *las enaguas.*

Un tablier, *un delantar.*

Des manchettes, *unos vuelos.*

Un éventail, *un abanico.*

L'étui à cure-dents, *el palillero.*

La toilette, *el tocador.*

Le peignoir, *el peinador.*

Un étui, *un estuche.*

Eau de senteur, *agua de olor.*

Eau de fleur d'oranger, *agua de azahar.*

Les mouches, *los lunares.*

Un ruban, *una cinta.*

Un miroir, *un espejo.*

Du fard, *afeite.*

Du rouge, *arrebol.*

Un cordon, *un cordon.*

Un nœud, *un lazo.*

Une aigrette, *una piocha.*

Une épingle, *un alfiler.*

Une aiguille, *una aguja.*

Un dé à coudre, *un dedal.*

Des ciseaux, *unas tijeras.*

Du fil, *hilo.*

De la soie, *seda.*

Une aiguillée de fil, *una hebra de hilo.*

La pelotte, *el acerico.*

Un écheveau, *una madeja.*

Le dévidoir, *la devanadera.*

L'ouvrage, *la labor.*

DRAPS ET TOILES.

Du drap, *paño*.
De l'étoffe, *tela*.
La lisière, *la orilla del paño*.
De la toile, ou du linge, *tela*, ou *lienzo*.
De la mousseline, *muselina*.
De la batiste, *batista*.
De la toile de coton, ou du basin, *cotonia*.
De la gaze, *gasa*.
De l'indienne, *indiana*.
Du camelot, *camelote*.
Du bouracan, *barragan*.
De la peluche, *felpa*.
Du taffetas, *tafelan*.
De la bayette, *bayeta*.
Du satin, *raso*.
Du damas, *damasco*.
Etoffe de soie, *tela de seda*.
Drap d'or, *tejido de oro*.
De la panne, *tripe*.
Du velours, *terciopelo*.
De la serge, *sarga*.
Du bougran, *bocaci*.
De la futaine, *bombasi*.
De l'écarlate, *grana*.
De la peau, *ante*.
Du maroquin, *cordoban*.

LA TABLE ET LE MANGER.

La table, *la mesa*.
La nappe, *los manteles*.
Les serviettes, *las servilletas*.
Un essuie-mains, *una toalla*.
Un couvert, *un cubierto*.
Une fourchette, *un tenedor*.
Une cuiller, *una cuchara*.
Un plat, *una fuente*.
Une assiette, *un plato*.
Le couteau, *el cuchillo*.
La salière, *el salero*.
Le sel, *la sal*.
Un verre, *un vaso*.
Un plateau, *una salvilla*.
L'huilier, *las vinageras*.
La saucière, *la salsera*.
La sauce, *la salsa*.
L'huile, *el aceite*.
Le vinaigre, *el vinagre*.
La moutarde, *la mostaza*.
La salade, *la ensalada*.
Le persil, *el perejil*.
Les vivres, *los víveres*.
Les alimens, *los alimentos*.
Les provisions, *las provisiones*.
Le déjeuné, *el almuerzo*.
Le diné, *la comida*.

Le goûter, *la merienda.*
Le souper, *la cena.*
Un repas, *un convite.*
Un convive, *un convidado.*
Un hôte, *un huésped.*
Du pain, *pan.*
Du pain de ménage, *pan casero.*
Du pain bis, *pan moreno.*
De la mie, *miga.*
Des miettes, *migajas.*
La croûte, *la corteza.*
De la farine, *harina.*
Du son, *salvado.*
L'entame, *la encentadura del pan.*
Une tranche de pain, *una rebanada.*
Un morceau, *un pedazo.*
Une tranche, *una tajada.*
Un ragoût, ou une fricassée, *un guisado.*
Le rôti, *el asado.*
La viande, *la carne.*
Le pot au feu, *la olla.*
Le bouillon, *el caldo.*
Le bouilli, *el cocido.*
Le gras, *la carne gorda.*
Le maigre, *la carne magra.*
Du bœuf, *vaca.*

Du mouton, *carnero.*
Du veau, *ternera.*
Du lard, *tocino.*
Un jambon, *un pernil.*
Une saucisse, *una longaniza.*
Un boudin, *una morcilla.*
Un pâté, *un pastel.*
Une tourte, *una torta.*
Du lait, *leche.*
Du petit-lait, *suero.*
De la crême, *crema* ou *natilla.*
De la soupe au lait, *sopa de leche.*
Un œuf, *un huevo.*
Une couple d'œufs, *un par de huevos.*
Des œufs à la coque, *huevos pasados por agua.*
Des œufs sur le plat, *huevos estrellados.*
Une omelette, *una tortilla.*
Du beurre, *manteca de vaca.*
Du sain-doux, *manteca de puerco.*
Du fromage, *queso.*
Des confitures sèches, *dulces.*
Des confitures liquides, *almíbares.*
Du sucre, *azúcar.*

Une compote, *una compota.*
Des épices, *especias.*
Du poivre, *pimienta.*
Du poivre rouge, *pimiento colorado.*
De la cannelle, *canela.*
Des clous de girofle, *clavos.*
Du safran, *azafran.*
Une entrée, *un principio.*
Premier service, *primera entrada,* ou *cubierto.*
Second service, *segunda,* etc.
Le dessert, *los postres.*
Les glaces, *los helados,* ou *los sorvetes.*
Une boisson, *una bebida.*
Du vin, *vino.*
De l'eau, *agua.*
De la bière, *cerbeza.*
Du vin de liqueur, *vino generoso.*
Du vin vieux, *vino añejo.*
Du vin nouveau, *vino nuevo.*
Du vin blanc, *vino blanco.*
Du vin rouge, *vino tinto.*
De l'eau-de-vie, *aguardiente.*
Du rossolis, *rosoli.*
Du café, *café.*
Du thé, *té.*
Du chocolat, *chocolate.*

Un pot à l'eau, *una jarra.*
Une bouteille, *una botella.*
Un flacon, *un frasco.*
Un tire-bouchon, *un tirabuzon.*
Un panier, *una cesta.*
Une corbeille, *un canastillo.*
Une manne, *una banasta.*
Une cruche, *un cántaro.*
Un tonneau, *un tonel.*
Un barril, *un barril.*
Un seau, *un cubo para sacar agua.*

D'UNE MAISON.

Une maison, *una casa.*
Un hôtel, *una casa de un grande,* ou *una posada.*
Un palais, *un palacio.*
Un château, *un palacio de campo,* ou *una quinta.*
Une maison de campagne, *una casa de campo.*
Les fondemens, *los cimientos.*
La muraille, *la pared.*
Les murs, *los muros.*
Un coin, *un rincon,* ou *una esquina.*

Le portail, *el portal.*
La cour, *el patio.*
La basse-cour, *el corral.*
Une écurie, *una caballeriza.*
Une remise, *una cochera.*
L'escalier, *la escalera.*
Les marches, *los escalones.*
Un étage, *un alto.*
Une porte, *una puerta.*
Les gonds, *los goznes.*
Le guichet, *el postigo.*
La fausse-porte , *la puerta falsa.*
La serrure, *la cerradura.*
La clef, *la llave.*
Un cadenas, *un candado.*
Un verrou, *un cerrojo.*
Le loquet, *el picaporte.*
Le heurtoir, *la aldaba.*
Le toit, *el tejado.*
La terrasse, *la azotea.*
Un logement, *una habitacion,* ou *una vivienda.*
L'antichambre, *la antecámara.*
Une chambre, *un cuarto.*
Un appartement , *un aposento.*
Une chambre garnie, *un cuarto amueblado.*

Une salle, *una sala.*
Un salon, *un salon.*
Une salle de compagnie, *un estrado.*
Une chambre à coucher, *un cuarto de dormir,* ou *dormitorio.*
L'alcôve, *la alcova.*
Un cabinet, *un gabinete.*
La bibliothèque, *la librería.*
L'oratoire, *el oratorio.*
La galerie, *la galeria.*
Le corridor, *el corredor.*
La toilette, *el tocador.*
Une fenêtre, *una ventana.*
Un balcon, *un balcon.*
Les vitres, *las vidrieras,* ou *los vidrios.*
Une porte vitrée, *una puerta vidriera.*
Un volet, *una puerta ventana.*
Une jalousie, *una celosía.*
Une grille, *una reja.*
Une dépense, *una despensa.*
Une cave, *una bodega.*
La cuisine, *la cocina.*
L'office, *la repostería.*
La salle à manger, *el comedor.*
Le jardin, *el jardin.*

Le puits, *el pozo.*
Les commodités, *el comun.*
Le colombier, *el palomar.*
Le poulailler, *el gallinero.*
Le four, *el horno.*

LES MEUBLES.

Un meuble, *un mueble.*
Une tapisserie, *una tapicería.*
Les cartes géographiques, *los mapas.*
Un portrait, *un retrato.*
Un tableau, *un cuadro.*
Un miroir, *un espejo.*
Un lustre, *una araña.*
Une chaise, *una silla.*
Un tabouret, *un taburete.*
Un fauteuil, *una silla poltrona.*
Un banc, *un banco.*
Une table, *una mesa.*
Un buffet, *un aparador.*
Un coffre, *un cofre.*
Une caisse, *una caja.*
Un secrétaire, *una papelera.*
Une armoire, *un armario.*
Un garde-manger, *una alacena.*
Une malle, *una maleta.*

Des rideaux, *unas cortinas.*
Un tapis, *una alfombra.*
Un lit, *una cama.*
Le ciel du lit, *el cielo de la cama.*
La tenture, *la colgadura.*
Une paillasse, *un jergon.*
Un matelas, *un colchon.*
Un oreiller, *una almohada.*
Un coussin, *un almohadon.*
Des taies d'oreiller, *unas fundas de almohada:*
Une paire de draps, *un par de sábanas.*
Une couverture, *una manta.*
Les pieds du lit, *los bancos de la cama.*
Un berceau, *una cuna.*
Le pot de chambre, *el orinal.*
Le bassin, *el bacin.*
La chaise percée, *el sillico.*
La bassinoire, *el calentador.*
La cheminée, *la chimenea.*
Un brasier, *un brasero.*
Un fourneau, *un fogon.*
Le feu, *la lumbre.*
Le charbon, *el carbon.*
Le bois, *la leña.*
Un tison, *un tizon.*
Les braises, *las ascuas.*

La flamme, *la llama.*
La fumée, *el humo.*
La cendre, *la ceniza.*
Le foyer, *el hogar.*
Le soufflet, *los fuelles.*
Les pincettes, *las tenazas.*
La pelle, *la paleta.*
Les chenets, *los morillos.*
Un écran, *un abanico de chimenea.*
La suie, *el hollin.*
Une pierre à fusil, *un pedernal.*
Les allumettes, *las pajuelas.*
Un briquet, *un eslabon.*
L'amadou, *la yesca.*

OUTILS.

Un marteau, *un martillo.*
Des tenailles, *unas tenazas.*
Une lime, *una lima.*
Une hache, *una hacha.*
Un burin, *un buril.*
Une presse, *una prensa.*
Un pinceau, *un pincel.*
Un vilebrequin, *un berbiquí.*
Un maillet, *una maceta.*
Un tranchet, *un trinchete.*
Une alène, *una alesna.*

Un clou, *un clavo.*
Un clou à crochet, *una escarpia.*
Un compas, *un campas.*
Une règle, *una regla.*
Un ciseau, *un cincel,* ou *un formon.*
Une scie, *una sierra.*
Un rabot, *un cepillo.*
Une enclume, *un ayunque.*
Une forge, *una fragua.*
Un coin, *una cuña.*
Une vrille, *una barrena.*

BATTERIE DE CUISINE, ETC.

Un chaudron, *un caldero.*
Une chaudière, *una caldera.*
Un pot, *un puchero.*
Une marmite, *una olla.*
Un couvercle, *una cobertera.*
L'écumoire, *la espumadera.*
Une cuiller à pot, *un cucharon.*
Une tourtière, *una tartera.*
Une casserole, *una cazuela.*
Une poêle, *una sarten.*
Le gril, *las parrillas.*
Une lardoire, *una aguja de mechar.*

Une broche, *un asador.*

Un mortier, *un almirez.*

Le pilon, *la mano del almirez.*

Un chandelier, *un candelero.*

Une chandelle, *una vela de sebo.*

Une bougie, *una bugia.*

Un bout de chandelle, *un cabo de vela.*

Une lanterne, *una linterna.*

Un fallot, ou une lanterne, *un farol.*

Une lampe, *un velon, un candil,* ou *una lámpara.*

Les mouchettes, *las despaviladeras.*

Un balai, *una escoba.*

Un torchon, *una rodilla.*

Les décrottoires, *los cepillos para los zapatos.*

EMPLOIS D'UNE MAISON.

Le maître, *el amo.*

La maîtresse, *el ama.*

Un domestique, *un criado.*

Une servante, *una criada.*

Une nourrice, *una ama de criar.*

Une gouvernante, *una ama de llaves.*

Une fille de chambre, *una doncella.*

Le maître d'hôtel, *el mayordomo.*

L'aumônier, *el capellan.*

Le gouverneur, *el ayo.*

La gouvernante, *la aya.*

Le gentilhomme, *el gentilhombre.*

Le secrétaire, *el secretario.*

Le trésorier, *el tesorero.*

La trésorerie, *la tesoreria.*

L'écuyer, *el caballerizo.*

Un page, *un page.*

Un valet de chambre, *un ayuda de cámara.*

Officier de bouche, *repostero.*

Le pourvoyeur, *el comprador.*

Le cuisinier, *el cocinero.*

Le marmiton, *el marmiton.*

Les gens de livrée, *los criados de librea.*

Un laquais, *un lacayo.*

Un cocher, *un cochero.*

Un palfrenier, *un mozo de caballos.*

Le portier, ou le Suisse, *el portero.*

N° 5. — *Des relations civiles dans la société.*

LA PARENTÉ.

L'homme, *el hombre.*

La femme, *la muger.*

Le père, *el padre.*

La mère, *la madre.*

Les enfans, *los hijos.*

Le fils, *el hijo.*

La fille, *la hija.*

L'aïeul, *el abuelo.*

L'aïeule, *la abuela.*

Les aïeux, *los abuelos.*

Le trisaïeul, *el tartarabuelo.*

Le petit-fils, *el nieto.*

La petite-fille, *la nieta.*

L'arrière-petit-fils, *el biz-nieto.*

Nos neveux, nos descendans, *nuestros nietos.*

Le frère, *el hermano.*

La sœur, *la hermana.*

Le frère aîné, *el hermano mayor.*

Le cadet, *el hermano segundo.*

L'oncle, *el tio.*

La tante, *la tia.*

Le neveu, *el sobrino.*

La nièce, *la sobrina.*

Le cousin, *el primo.*

La cousine, *la prima.*

Cousin germain, *primo hermano.*

Cousine germaine, *prima hermana.*

Cousin issu de germain, *primo segundo.*

Le beau-frère, *el cuñado.*

La belle-sœur, *la cuñada.*

Le beau-père, *el suegro.*

La belle-mère, *la suegra.*

Le gendre, ou le beau-fils, *el yerno.*

La bru, ou la belle-fille, *la nuera.*

L'époux, ou le mari, *el esposo,* ou *marido.*

L'épouse, ou la femme, *la esposa,* ou *muger.*

Un amant, *un amante.*

Le mariage, *el matrimonio*.
La dot, *el dote*.
Le beau-père, *el padrastro*.
La belle-mère, *la madrastra*.
Le beau-fils, *el hijastro*.
La belle-fille, *la hijastra*.
Les parens, *los parientes*.
Le parrain, *el padrino*.
La marraine, *la madrina*.
Le filleul, *el ahijado*.
La commère, *la comadre*.
Le compère, *el compadre*.
L'héritier, *el heredero*.
Un orphelin, *un huérfano*.
Les enfans du premier lit, *los hijos del primer matrimonio*.
Les enfans du second lit, *los hijos del segundo matrimonio*.
Un veuf, *un viudo*.
Une veuve, *una viuda*.
Le veuvage, *la viudez*.
Un tuteur, *un tutor*.
Un pupille, *un pupilo*.
Un bâtard, *un bastardo*.
Un fils naturel, *un hijo natural*.
Un ami, *un amigo*.
Un ennemi, *un enemigo*.

Un rival, *un rival*.
Un voisin, *un vecino*.
Le voisinage, *la vecindad*.
Un compagnon, *un compañero*.
Une compagne, *una compañera*.
Les ancêtres, *los antepasados*.

D'UNE VILLE, ETC.

Une ville, *una ciudad*.
Une capitale, *una capital*.
Un port de mer, *un puerto de mar*.
Les maisons, *las casas*.
Une rue, *una calle*.
Les petites rues, ou les ruelles, *las callejuelas*.
Un carrefour, *las cuatro calles, ou esquinas*.
Un cul-de-sac, *un callejon sin salida*.
La place, *la plaza*.
Une petite place, *una plazuela*.
La grande place, *la plaza mayor*.
La bourse, *la lonja, ou la bolsa*.

Le marché, *el mercado.*
La poissonnerie, *la pescade-ría.*
Les boutiques, *las tiendas.*
Une église, *una iglesia.*
Une paroisse, *una parroquia.*
Un couvent, *un convento.*
Un monastére, *un monasterio.*
Un hôpital, *un hospital.*
Un quartier, *un barrio.*
Les faubourgs, *los arrabales.*
Les ponts, *los puentes.*
Un cabaret, *una taberna.*
Une gargote, *un bodegon.*
Une auberge, *una posada, una venta, una hostería, ou un meson.*
Un collége, *un colegio.*
Une académie, *una academia.*
Une université, *una univer-sidad.*
La poste, *el correo.*
Une fontaine, *una fuente.*
La boucherie, *la carnicería.*
Le tuerie, *el matadero.*
La promenade, *el paseo.*
Un passage, *un pasadizo.*
La prison, *la cárcel.*
Les portes, *las puertas.*
Le pavé, *el empedrado.*

La maison de ville, *la casa del ayuntamiento.*
Les bourgeois, *los vecinos de una ciudad.*
La bourgeoisie, *la vecindad.*
Les habitans, *los habitan-tes.*

DIFFÉRENS MÉTIERS.

Un métier, *un oficio.*
Un ouvrier, *un oficial.*
Un artiste, *un artista.*
Un apprenti, *un aprendiz.*
Un tailleur, *un sastre.*
Un cordonnier, *un zapatero.*
Un savetier, *un zapatero de viejo.*
Un chapelier, *un sombrerero.*
Un teinturier, *un tintorero.*
Un chaudronnier, *un calde-rero.*
Un forgeron, *un herrero.*
Un serrurier, *un cerrajero.*
Un potier d'étain, *un esta-ñero, ou estañador.*
Un fourbisseur, *un espadero.*
Un menuisier, *un carpintero.*
Un sellier, *un sillero.*
Un maçon, *un albañil.*

Un tailleur de pierre, *un can-tero.*

Un vitrier, *un vidriero.*

Un apothicaire, *un boticario.*

Un confiturier, ou confiseur, *un confitero.*

Un orfèvre, *un platero.*

Un marchand, *un mercader.*

Un papelier, *un papelero.*

Un épicier, *un tendero.*

Un droguiste, *un droguista.*

Un herboriste, *un herbolario.*

Un potier de terre, *un ollero.*

Un gantier, *un guantero.*

Un pêcheur, *un pescador.*

Un poissonnier, *un pesca-dero.*

Un cordier, *un cordelero.*

Un fripier, *un ropero.*

Un tisserand, *un tejedor.*

Un barbier, *un barbero.*

Un cuisinier, *un cocinero.*

Un boucher, *un carnicero.*

Un aubergiste, *un mesonero, un ventero, un hostelero,* ou *un posadero.*

Un gargotier, *un bodegonero.*

Un cabaretier, *un tabernero.*

Un boulanger, *un panadero.*

Un pâtissier, *un pastelero.*

Un voiturier, *un arriero.*

Un charretier, *un carretero.*

Un courrier, *un correo.*

Un postillon, *un postillon.*

Un maréchal, *un herrador.*

Un tourneur, *un tornero.*

Un armurier, *un armero.*

Un brodeur, *un bordador.*

Un horloger, *un relojero.*

Un graveur, *un grabador.*

Un joaillier, *un joyero.*

Un tapissier, *un tapicero.*

Un perruquier, *un peluquero.*

Un passementier, *un pasa-manero.*

Un libraire, *un librero.*

Un cirier, *un cerero.*

POIDS ET MESURES, ETC. (¹)

Un poids, *un peso.*

Un grain, *un grano.*

Un gros, *un adarme.*

Une once, *una onza.*

______

(1) Voyez le deuxième supplément de la GRAMMAIRE, où l'on fixe la valeur des poids, mesures et monnaies de l'Espagne.

Un quarteron, *un cuarteron.*
Une livre, *una libra.*
Un quintal, *un qnintal.*
Une mesure, *una medida.*
Un boisseau, *una fanega.*
Un demi-boisseau, *una media fanega.*
Un setier, *un celemin.*
Une pinte, *una azumbre.*
Une outre, *un pellejo.*
Un tonneau, *un tonel.*
Une cuve, *una cuba.*
Une ligne, *una linea.*
Un pouce, *una pulgada.*
Un pied, *un pié.*
Un pas, *un paso.*
Une toise, *una toesa.*
Une aune, *una vara.*
Un quart, *una cuarta.*
Un mille, *una milla.*
Une lieue, *una legua.*
Une pièce, *una moneda,* ou *pieza.*
Un ochavo, *un ochavo.*
Un quart, *un cuarto.*
Un réal, *un real.*
Deux réaux, *dos reales.*
Une piécette, *una peseta.*
Une piastre forte, *un peso fuerte.*

Une piastre, *an escudo* ou *un peso.*
Un ducat, *un ducado.*
Un doublon, *un doblon.*
Un quadruple, *un doblon de á ocho.*
Un louis, *un luis.*
Une livre, *ana libra tornesa.*
Un écu de trois livres, *un escudo de tres libras tornesas.*
Un écu de six francs, *un escudo de seis libras tornesas.*
Un franc, *un franco.*
Un sou, *un sueldo.*
Une guinée, *una guinea.*

VOYAGE.

Le chemin, *el camino.*
Le chemin royal, *el camino real.*
Une chaussée, *una calzada.*
Un chemin de traverse, *un atajo.*
Un sentier, *una senda.*
Une ornière, *un carril.*
Une voiture, *un carruage.*
Un carrosse, *un coche.*

Une voiture publique, *un coche público.*
Une calèche, *una calesa,*
Une chaise, *un calesin.*
Une charrette, *una carreta.*
Un chariot couvert, *una galera.*
Une diligence, *una diligencia.*

DIVERTISSEMENS ET JEUX.

Le billard, *billar.*
Les billes, *bolas de trucos.*
Le jeu de boules, *juego de bochas.*
Le jeu d'échecs, *el juego de ajedrez.*
Un damier, *un tablero de damas.*
Un cornet, *un cubilete.*
Le trictrac, *las tablas reales.*
Un pion, *un peon.*
Une dame, *una dama.*
Un dé, *un dado.*
Une loterie, *una rifa.*
La loterie, *la loteria.*
Les cartes, *los naipes.*
Un jeu de cartes, *una baraja.*
Un as, *un as.*

Le roi, *el rey.*
La dame, *el caballo.*
Le valet, *la sota.*
Les mains, *las bazas.*
Les couleurs, *los palos.*
Carreau, *oros.*
Cœur, *copas.*
Pique, *espadas.*
Trèfle, *bastos.*
Un point, *un tanto.*
Le piquet, *el juego de los cientos.*
A pair ou non, *á pares y nones.*
Le jeu de quilles, *el juego de bolos.*
Le jeu de mail, *el juego del mallo.*
Le jeu de balle, *el juego de pelota.*
Une raquette, *una raqueta.*
Un volant, *un volante.*
Une toupie, *una peonza.*
Une boule, *una bola.*
La danse, *el baile.*
La promenade, *el paseo.*
Le saut, *el salto.*
La course, *la carrera.*
La chasse, *la caza.*
La pêche, *la pesca.*

L'escrime, *la esgrima.*
Le manège, *el manejo.*
La musique, *la música.*
Le chant, *el canto.*
Un violon, *un violin.*
Une viole, ou une basse de viole, *un violon.*
Une guitare, *una guitarra.*
Une mandoline, *un bandolin.*
Un clavecin, *un clave.*
Une harpe, *una harpa.*
Une flûte, *una flauta.*
Un cor de chasse, *una trompa de caza.*
Une trompette, *una trompeta.*
Un clairon, *un clarin.*
Un hautbois, *un oboe.*
Un fifre, *un pífano.*
Un basson, *un bajon.*

Une cornemuse, *una gaita.*
Un flageolet, *un caramillo.*
Le théâtre, *el corral*, ou *el teatro.*
L'orchestre, *la orquesta.*
Le parquet, *la luneta.*
Le parterre, *el patio.*
Les premières loges, *los primeros aposentos.*
Les secondes, *los segundos aposentos.*
Les coulisses, *los bastidores.*
Les gradins, *las gradas.*
Le foyer, *el foro.*
Les loges des acteurs, *el vestuario.*
La toile, *el telon.*
Les décorations, *las decoraciones.*

Nº 6. — *Des relations politiques dans la société.*

Un état, *un estado.*
Un royaume, *un reino.*

Un empire, *un imperio.*
Une république, *una república.*
Une principauté, *un principado.*

Une province, *una provincia.*
Un duché, *un ducado.*
Un comté, *un condado.*
Un marquisat, *un marque-sado.*
Une baronnie, *una baronia.*
Un territoire, *un territorio.*
Un archevêché, *un arzobis-pado.*
Un évêché, *un obispado.*
Un diocèse, *una diócesis.*
Une contrée, *una comarca.*
Un département, *un depar-tamento.*
La frontière, *la frontera.*
Une monarchie, *una monar-quia.*
Un apanage, *un infantazgo.*
Un arrondissement, *un cir-culo,* ou *un partido.*
La commune de..., *los veci-nos,* ou *el término de....*
Un quartier, *un barrio.*
Le faubourg, *el arrabal.*
Une ville, *una ciudad,* ou *una villa.*
Un bourg, *una villa,* ou *un lugar.*
Un village, *un lugar,* ou *una aldea.*

Un hameau, *una aldea,* ou *un cortijo.*

NOMS PROPRES DE VILLES, ROYAUMES, ETC.

Alep, *Alepo.*
Alger, *Argel.*
Allemagne, *Alemania.*
Andalousie, *Andalucia.*
Andrinople, *Andrinópolis.*
Antioche, *Antioquia.*
Anvers, *Ambéres.*
Arabie, *Arabia.*
　dete , *desierta.*
— heureuse, *feliz.*
— pétrée, *petrea.*
Archipel , *Archipiélago.*
Autriche, *Austria.*
Bade, *Baden.*
Bâle, *Basilea.*
Barbarie, *Berberia.*
Barboude (la), *la Barbuda.*
Berlin, *Berlin.*
Berne, *Berna.*
Biscaye, *Vizcaya.*
Bordeaux, *Burdeos.*
Bouches du Rhône, *Bocas del Ródano.*
Boulogne, en France, *Bo-*

loña; en Italie, *Bolonia.*
Bourbon, *Borbon.*
Bourgogne *Borgoña.*
Brésil, *Brasil.*
Bretagne, *Bretaña.*
Bruxelles, *Brusélas.*
Cadix, *Cádiz.*
Caire, *Cairo.*
Canaries, *Canarias.*
Cap-Vert, *Cabo verde.*
Cap-de-Bonne-Espérance, *Cabo de Buena Esperanza.*
Carthagène, *Cartagena.*
Castille (la Nouvelle), *Castilla la nueva.*
Castille (la Vieille), *Castilla la vieja.*
Catalogne, *Cataluña.*
Constantinople, *Constantinopla.*
Cordilières, *Cordilleras.*
Cordoue, *Córdoba.*
Corogne (la), *la Coruña.*
Corse, *Córcega.*
Damas, *Damasco.*
Danemarck, *Dinamarca.*
Danube, *Danubio.*
Dauphiné, *Delfinado.*
Douro, *Duero.*
Dresde, *Dresde.*

Dublin, *Dublin.*
Ecosse, *Escocia.*
Escaut, *Escalda.*
Escurial, *Escorial.*
Edimbourg, *Edimburgo.*
Florence, *Florencia.*
Fribourg, *Friburgo.*
Gange (le), *el Gánges.*
Gênes, *Génova.*
Genève, *Ginebra.*
Girone, *Gerona.*
Guadeloupe, *Guadalupe.*
Groënland, *Groenlandia.*
Groningue, *Groninga.*
Hambourg, *Hamburgo.*
Hanovre, *Hanóver.*
Havanne (la), *la Habana.*
Hongrie, *Hungría.*
Indus (l'), *el Indo.*
Ioniennes (les îles), *las islas Jonias.*
Irlande, *Irlanda.*
Islande, *Islandia.*
Jutland, *Jutlandia.*
Lisbonne, *Lisboa.*
Livourne, *Liorna.*
Londres, *Londres.*
Louvain, *Lovaina.*
Macédoine, *Macedonia.*
Madrid, *Madrid.*

Magellanique (la terre), *la tierra de Magallanes.*
Majorque, *Mallorca.*
Mantoue, *Mantua.*
Maroc, *Marruecos.*
Marguerite, *Margarita.*
Mayence. *Maguncia.*
Mecque (la), *la Meca.*
Mer-Rouge (la), *el mar rojo.*
Messine, *Mesina.*
Mexique, *Méjico.*
Minho, *Miño.*
Minorque, *Menorca.*
Montauban, *Montalban.*
Montpellier, *Mompeller.*
Lorraine (la), *la Lorena.*
Naples, *Nápoles.*
Nègrepont, *Negroponto.*
New-York, *Nueva Yorc.*
Niger (le), *el Niger.*
Nil (le), *el Nilo.*
Nord (le), *el Norte.*
Norwège, *Noruega.*
Palatinat, *Palatinado.*
Pampelune, *Pamplona.*
Pays-Bas, *Paises Bajos.*
Piémont, *Piamonte.*
Plaisance, *Placencia.*
Pologne, *Polonia.*
Porto, *Oporto.*

Prusse, *Prusia.*
Rhodes, *Ródas.*
Rome, *Roma.*
Roussillon, *Rosellon.*
Rouen, *Ruan.*
Sainte-Barbe, *Santa Bárbara.*
Saint-Étienne, *San Esteban.*
Saint-Georges, *San Jorge.*
Saint-Jacques, *Santiago.*
Saint-Laurent, *San Lorenzo.*
Saragosse, *Zaragoza.*
Sardaigne, *Cerdeña.*
Savoie, *Savoya.*
Saxe, *Sajonia.*
Sienne, *Sena.*
Smolensk, *Esmolenco.*
Smyrne, *Esmirna.*
Souabe, *Suabia.*
Stockolm, *Estocolmo.*
Strasbourg, *Estrasburgo.*
Suède, *Suecia.*
Suisse, *Suiza.*
Tage (le), *el Tajo.*
Tamise (la), *el Támesis.*
Tigre (le), *el Tigris.*
Toulon, *Tolon.*
Toulouse, *Tolosa.*
Troyes, *Troya.*

Tunis, *Tunez.*
Turin, *Turin.*
Ulm, *Ulma.*
Varsovie, *Varsovia.*
Venise, *Venecia.*
Vera-Cruz, *Veracruz.*
Versailles, *Versalles.*
Vienne, *Viena.*
Ville-Franche, *Villafranca.*
Ville-Neuve, *Villanueva.*

DIGNITÉS.

Un empereur, *un emperador.*
Une impératrice, *una empe-ratriz.*
Le roi, *el rey.*
La reine, *la reina.*
Un prince, *un príncipe.*
Une princesse, *una princesa.*
Un infant, *un infante.*
Une infante, *una infanta.*
Un duc, *un duque.*
Une duchesse, *una duquesa.*
Un comte, *un conde.*
Une comtesse, *una condesa.*
Un vicomte, *un vizconde.*
Une vicomtesse, *una vizcon-desa.*
Un marquis, *un marques.*

Une marquise, *una marquesa.*
Un baron, *un baron.*
Une baronne, *una baronesa.*
Un gentilhomme, *un caba-llero.*
Un chevalier, *un caballero de hábito.*
Un seigneur, *un señor de un lugar.*
Une dame, *una señora.*
Une demoiselle, *una señorita.*
Un vice-roi, *un virey.*
Un gouverneur, *un goberna-dor.*
Une gouvernante, *una gober-nadora.*
Un ambassadeur, *un emba-jador.*
Une ambassadrice, *una em-bajadora.*
Un envoyé, *un enviado.*
Un député, *un diputado.*
Un vassal, ou un sujet, *un vasallo.*

OFFICIERS DE JUSTICE, ETC.

Un chancelier, *un canciller.*
Un président, *un presidente.*
Un juge, *un juez.*

Un maire, *un corregidor,* ou *un alcalde.*

Un échevin, *un regidor.*

Un avocat, *un abogado.*

Un procureur, *un procurador.*

Un huissier, *un alguacil.*

Un greffier, *un escribano.*

Un secrétaire, *un secretario.*

Un notaire, *un notario.*

Un conseiller, *un consejero.*

Le conseil, *el consejo.*

Un tribunal, *un tribunal.*

Une salle d'audience, *una sala de audiencia.*

La chancellerie, *la chancillería.*

Le parlement, *el parlamento.*

La chambre du conseil, *la cámara del consejo.*

Le concierge de la prison, *el alcaide de la cárcel.*

Le geôlier, *el carcelero.*

Le crieur public, *el pregonero.*

Le bourreau, *el verdugo.*

N° 7. — *Armée de terre et de mer.*

EMPLOIS.

Un militaire, *un militar.*

Un officier, *un oficial.*

Un général, *un general.*

Un lieutenant-général, *un teniente general.*

Un maréchal de camp, *un mariscal de campo.*

Un brigadier, *un brigadier.*

Un colonel, *un coronel.*

Un lieutenant colonel, *un teniente coronel.*

Un commandant, *un comandante.*

Le major, *el mayor.*

Un capitaine, *un capitan.*

Un lieutenant, *un teniente.*

Un sous-lieutenant, *un subteniente.*

Un aide-major, *un ayudante mayor.*

Un enseigne, *un alferez.*

Un cornette, *un alferez de caballería.*

Un officier breveté de..., *un oficial graduado de...*

L'état-major, *la plana mayor.*

Un sergent, *un sargento.*

Un maréchal-des-logis , *un sargento de caballeria.*

Un caporal, *un cabo.*

Un brigadier, *un cabo de caballeria.*

Un soldat, *un soldado.*

Un cavalier, *un soldado de caballeria.*

Un dragon, *un dragon.*

Un fusilier, *un fusilero.*

Un grenadier, *un granadero.*

Un ouvrier, *un gastador.*

Un tambour, *un tambor.*

Un timbalier, *un timbalero*

Un trompette, *un trompeta.*

Un canonnier, *un artillero.*

Un mineur, *un minador.*

TERMES MILITAIRES.

L'armée, *el ejército.*

L'armée navale, *la armada.*

La cavalerie, *la caballeria.*

L'infanterie, *la infantería.*

Un escadron, *un escuadron.*

Un bataillon, *un batallon.*

Un régiment, *un regimiento.*

Une compagnie, *una compañía.*

Un étendard, *un estandarte.*

Un drapeau, *una bandera.*

Les rangs, *las filas.*

Les files, *las hileras.*

Un camp, *un campo.*

Une tente, *una tienda.*

Un camp volant, *un campo volante.*

Le quartier-général, *el cuartel general.*

Le quartier, *el cuartel.*

Un corps-de-garde, *un cuerpo de guardia.*

Une guérite, *una garita.*

La sentinelle, *la centinela.*

Une vedette, *una centinela á caballo.*

Un détachement, *un destacamento.*

Un poste, *un puesto.*

Un convoi, *un convoy.*

L'artillerie, *la artilleria.*

Les vivres, *los viveres.*

La munition, *la municion.*

Un vivandier, *un vivandero.*

Le bagage, *el bagage.*

Un défilé, *un desfiladero.*

Un passage, *un paso.*

Une embuscade, *una embos-cada.*

Une escarmouche, *una escaramuza.*

Une attaque, *un ataque.*

Un combat, *un combate.*

Une bataille, *una batalla.*

Un siége, *un sitio.*

Une victoire, *una victoria.*

Une déroute, *una derrota.*

Un assaut, *un asalto.*

La prise d'une ville, *la toma de una ciudad.*

La capitulation, *la capitulacion.*

Le pillage, *el saqueo.*

Une trêve, *una tregua.*

La paix, *la paz.*

Une recrue, *un recluta.*

La revue, *la revista.*

La réforme, *la reforma.*

La paie, *la paga.*

Le prêt, *el pre.*

Une chambrée, *un rancho.*

L'exercice, *el ejercicio.*

Une manœuvre, *una maniobra.*

DES ARMES.

Une arme, *una arma.*

Une arme à feu, *una arma de fuego.*

Un mousquet, *un mosquete.*

Un fusil, *un fusil.*

Un fusil de chasse, *una escopeta.*

Un pistolet, *una pistola.*

Un canon, *un cañon.*

L'affût, *la cureña.*

L'embouchure du canon, *la boca del cañon.*

Une couleuvrine, *una culebrina.*

Une bombe, *una bomba.*

Une grenade, *una granada.*

Un mortier, *un mortero.*

La poudre, *la pólvora.*

Une balle, *una bala.*

Un boulet, *una bala de cañon.*

Une lance, *una lanza.*

Une hallebarde, *una alabarda.*

Une hache, *una hacha.*

Un arc, *un arco.*

Une flèche, *una flecha.*

Un carquois, *un carcox.*

Une épée, *una espada.*
La poignée, *el puño.*
Le pommeau, *el pomo.*
La garde, *la guarnicion.*
La lame, *la hoja.*
La pointe, *la punta.*
Le fourreau, *la vaina.*
Le bout du fourreau, *la con-tera.*
Un sabre, *un sable.*
Un cimetère, *un alfange.*
Un poignard, *un puñal.*
Une baïonnette , *una bayo-neta.*
Une cuirasse, *una coraza.*
Un casque, *un casquete.*
Un écu, *un escudo.*
Une fronde, *una honda.*
Un cheval, *un caballo.*
Un cheval bai , *un caballo bayo.*
Un cheval bai-brun, *un caba-llo castaño.*
Un cheval gris-pommelé, *un caballo tordo.*
Un cheval alezan, *un caballo alazan.*
Un cheval roux, *un caballo rucio.*
La bride, *el freno.*

Le mors, *el bocado.*
La gourmette, *la barbada.*
Les rênes, *las riendas.*
Les sangles, *las cinchas.*
La selle, *la silla.*
Les fontes des pistolets, *las fundas.*
La housse, *la gualdrapa.*
Le caparaçon, *el caparazon.*
Le poitrail, *el pretal.*

DE LA FORTIFICATION.

Une place d'armes, *una pla-za de armas.*
Un fort, *un fuerte.*
Un château, *un castillo.*
Une forteresse , *una forta-leza.*
Une citadelle, *una ciudadela.*
Une tour, *una torre.*
Le rempart, *la muralla.*
Les créneaux, *las almenas.*
Un bastion, *un baluarte.*
Un parapet, *un parapeto.*
Un cavalier, *un caballero.*
Une demi-lune, *una media luna.*
Un pont-levis, *un puente le-vadizo.*

Un fossé, *un foso.*

Une esplanade, *una esplanada.*

Une redoute, *un reducto.*

Une tranchée, *una trinchera.*

Une batterie, *una bateria.*

Une mine, *una mina.*

Un gabion, *un gabion.*

Une fascine, *una fagina.*

Une brèche, *una brecha.*

Un magasin, *un almacen.*

Un casemate, *una casamata.*

MARINE.

La mer, *el mar.*

Un bras de mer, *un brazo de mar.*

Un golfe, *un golfo.*

Un détroit, *un estrecho.*

Une baie, *una bahia.*

Un lac, *un lago.*

Le calme, *la calma.*

La tempête, *la tormenta.*

Le vent en poupe, *el viento en popa.*

Un bâtiment, *una embarcacion.*

Une frégate, *una fragata.*

Un navire, ou un vaisseau, *un navio.*

Un vaisseau marchand, *un navio mercante.*

Une galère, *una galera.*

Une galiote, *una galeota.*

Une tartane, *una tartana.*

Un brûlot, *un brulote.*

Une escadre, *una escuadra.*

Une flotte, *una flota.*

L'amiral, *el almirante.*

Un chef-d'escadre, *un gefe de escuadra.*

Un combat naval, *una batalla naval.*

Une barque, *un barco.*

Un paquebot, *un paquebote.*

Une chaloupe, *una chalupa.*

Un bateau, *una barca.*

Les agrès, *los aparejos de un navio.*

Les ancres, *las áncoras.*

Les mâts, *los árboles* ou *palos.*

Les voiles, *las velas.*

La hune, *la gavia.*

Une vergue, *una verga.*

Les câbles, *los cables.*

Les cordes, *las maromas.*

La proue, *la proa.*

La poupe, *la popa.*
Un armateur, *un armador.*
Un pirate, *un pirata.*
Un corsaire, *un corsario.*
L'équipage, *la tripulacion.*
Les matelots, *los marineros.*

Les bateliers, *los barqueros.*
Les rames, *los remos.*
Un pilote, *un piloto.*
Le gouvernail, *el timon.*
La boussole, *la brujúla,* *la aguja de marear.*

Nº 8. — *Des Animaux.*

DES BÊTES.

Un animal, *un animal.*
Une bête, *una bestia.*
Une bête féroce, *una fiera.*
Une bête de somme, *ana acémila.*
Une monture, *una caballeria.*
Un lion, *un leon.*
Une lionne, *ana leona.*
Un lionceau, *un leoncito.*
Un éléphant, *un elefante.*
Un chameau, *un camello.*
Un léopard, *un leopardo.*
Un tigre, *un tigre.*
Un ours, *un oso.*
Une ourse, *una osa.*
Un loup, *un lobo.*
Une louve, *una loba.*
Un louveteau, *un lobezno.*

Un chevreuil, *un corzo.*
Un daim, *un gamo.*
Un cerf, *un ciervo.*
Une biche, *una cierva.*
Un faon, *un cervatillo.*
Un sanglier, *un jabali.*
Une laie, *una jabalina.*
Les défenses, *los colmillos del jabali.*
Un marcassin, *un lechoncito de jabali.*
Un renard, *un zorro.*
Un lièvre, *una liebre.*
Un levraut, *una liebre nueva.*
Un lapin, *un conejo.*
Un lapereau, *un gazapo.*
Un castor, *un castor.*
Le bétail, *el ganado.*
Un taureau, *un toro.*
Un bœuf, *un buey.*
Une vache, *una vaca.*

Un veau, *un ternero*.
Un cheval, *un caballo*.
Un poulain, *un potro.*
Une jument, *una yegua*.
Un cheval entier, *un caballo entero.*
Un cheval hongre, *un caballo castrado.*
Un cheval de trait, *un caballo de tiro.*
Un cheval neuf, *un caballo nuevo.*
Un cheval de poste, *un caballo de posta.*
Un cheval de relais, *un caballo de muda.*
Un cheval de louage, *un caballo de alquiler.*
Un vieux cheval, ou une rosse, *un caballo viejo.*
Un cheval ombrageux, *un caballo asombradizo.*
Un cheval sans bouche, *un caballo desbocado.*
Un cheval qui bronche, *un caballo tropezon.*
Un cheval rétif, *un caballo falso.*
Un étalon, *un garañon.*
Un bidet, *una jaca.*

Un mulet, *un macho.*
Une mule, *una mula.*
Un âne, *un burro.*
Une bourrique, *una borrica.*
Un ânon. ou un bourriquet, *un borriquillo.*
Une brebis, *una obeja.*
Un mouton, *un carnero.*
Un agneau, *un cordero.*
Une chèvre, *una cabra.*
Un bouc, *un macho de cabrío.*
Un chevreau, *un cabrito.*
Un cochon, *un cochino.*
Une truie, *una cochina.*
Un cochon de lait, *un lechon.*
Un singe, *un mono.*
Une guenon, *una mona*
Un chien, *un perro.*
Une chienne, *una perra.*
Un mâtin, *un mastin.*
Un levrier, *un galgo.*
Une levrette, *una galga.*
Un barbet, *un perro de aguas.*
Un dogue, *un alano.*
Un chien couchant, *un perdiguero.*
Un chien courant, *un sabueso.*

Un épagneul, *un perro de falda.*

Une meute de chiens, *una trailla de perros.*

Un chat, *un gato.*

Une chatte, *una gata.*

Un rat, *una rata.*

Une souris, *un raton.*

Une souricière, *una ratonera.*

Un hérisson, *un herizo.*

Une taupe, *un topo.*

Un troupeau, *un rebaño.*

Un cuir, *un cuero.*

La laine, *la lana.*

Les cornes, *las hastas.*

Le sabot, ou la corne du pied, *el casco.*

Le crin, la soie, *las cerdas.*

Le pied, *el pié, la mano.*

La queue, *la cola.*

Le museau, ou le groin, *el hocico.*

Un berger, *un pastor.*

Un chevrier, *un cabrero.*

Un vacher, *un vaquero.*

Une étable, *una cuadra.*

Une crèche, *un pesebre.*

Un parc, *un aprisco.*

Une houlette, *un cayado.*

Une selle, *una silla de caballo.*

Une bride, *un freno.*

Un bât, *una albarda.*

OISEAUX.

Un oiseau, *una ave.*

Un oiseau de proie, *una ave de rapiña.*

Un aigle, *una águila.*

Un aiglon, *un aguilucho.*

Une autruche, *un avestruz.*

Une cigogne, *una cigüeña.*

Un faucon, *un halcon.*

Un vautour, *un buitre.*

Une grue, *una grulla.*

Un épervier, *un gavilán.*

Un corbeau, *un cuervo.*

La volaille, *la volateria.*

Un coq, *un gallo.*

Un chapon, *un capon.*

Une poule, *una gallina.*

Un poulet, *un pollo.*

Une poularde, *una polla.*

Un dindon, *un pavo.*

Un paon, *un pavo real.*

Un pigeon, *un pichon.*

Un pigeonneau, *un pichoncito.*

Une colombe, *una paloma.*

Une tourterelle, *una tórtola.*
Une perdrix, *una perdiz.*
Un perdreau, *un perdigon.*
Une caille, *una codorniz.*
Un faisan, *un faisan.*
Une bécasse, *una becada*, ou *una chocha.*
Une bécassine, *una gallina ciega.*
Une oie, *un ganso.*
Un canard, *un pato.*
Une cane, *la hembra del pato.*
Un canard sauvage, *un ánade.*
Un moineau, *un gorrion.*
Un serin, *un canario.*
Une alouette, *una calandria.*
Un merle, *una merla.*
Un rossignol, *un ruiseñor.*
Une pie, *una urraca.*
Un perroquet, *un papagayo.*
Un geai, *un grajo.*
Un émouchet, *un mochuelo.*
Un hibou, *un buho.*
Une chauve-souris, *un murciélago.*
Une hirondelle, *una golondrina.*
Une aile, *una ala.*
La queue, *la cola.*
La plume, *la pluma.*

Une crête, *una cresta.*
Le bec, *el pico.*
Le croupion, *la rabadilla.*
Un œuf, *un huevo.*
Un nid, *un nido.*
Une cage, *una jaula.*
Une volière, *una pajarera.*
De la glu, *liga.*
Un filet, *una red.*
Un oiseleur, *un pajarero.*
Un piége, *una trampa.*

INSECTES.

Un insecte, *un insecto*, ou *una sabandija.*
Un reptile, *un reptil.*
Un serpent, *una serpiente.*
Une couleuvre, *una culebra.*
Une vipère, *una vibora.*
Une grenouille, *una rana.*
Un crapaud, *un sapo.*
Un lézard, *un lagarto.*
Un scorpion, *un escorpion.*
Un limaçon, *un caracol.*
Un ver, *un gusano*, ou *una lombriz.*
Un ver à soie, *un gusano de seda.*
Une chenille, *una oruga.*

Une araignée, *una araña.*
Une fourmi, *una hormiga.*
Une cigale, *una cigarra.*
Une puce, *una pulga.*
Un pou, *un piojo.*
Des lentes, *unas liendres.*
Une punaise, *una chinche.*
Une mouche, *una mosca.*
Un cousin, *un mosquito.*
Une sangsue, *una sangaijuela.*
Une abeille, ou une mouche à miel, *una abeja.*
L'aiguillon, *el aguijon.*
Un essaim, *un enjambre.*
Une ruche, *una colmena.*
Le miel, *la miel.*
Une guêpe, *una abispa.*
Un papillon, *una mariposa.*
Un bourdon, *un zángano.*
Un escarbot, *un escarabajo.*

POISSONS.

Un poisson, *un pescado,* ou *un pez.*
Une baleine, *una ballena.*
Un dauphin, *un delfin.*
Un brochet, *un sollo.*

Du thon, *atun.*
Du saumon, *salmon.*
Un barbeau, *un barbo.*
Une lamproie, *una lamprea.*
Une raie, *una raya.*
Une truite, *una trucha.*
Une anguille, *una anguila.*
Une écrevisse, *un cangrejo.*
Des huîtres, *unas ostras.*
Une tortue, *una tortuga,* ou *galápago.*
Une sardine, *una sardina.*
Un hareng, *un arenque.*
Des anchois, *unas anchovas.*
Une morue, *una merluza.*
De la morue sèche, *bacalao.*
La pêche, *la pesca.*
Un filet, *una red.*
Une ligne à pêcher, *una caña de pescar.*
Un hameçon, *un anznelo.*
L'appât, *el cebo.*
Une écaille, *una concha.*
Les écailles, *las escamas.*
Les arêtes, *las espinas.*
Les ouïes, *las agallas.*
Les nageoires, *las aletas.*
La laite, ou laitance, *la leche de pescado.*

N.º 9. — *Du Temps et de la Nature.*

DU TEMPS.

Janvier, *enero.*
Février, *febrero.*
Mars, *marzo.*
Avril, *abril.*
Mai, *mayo.*
Juin, *junio.*
Juillet, *julio.*
Août, *agosto.*
Septembre, *setiembre.*
Octobre, *octubre.*
Novembre, *noviembre.*
Décembre, *diciembre.*
Dimanche, *domingo.*
Lundi, *lúnes.*
Mardi, *mártes.*
Mercredi. *miércoles.*
Jeudi, *juéves.*
Vendredi, *viérnes.*
Samedi, *sábado.*
Un jour, *un dia.*
Une journée, *un dia, un jornal,* ou *una jornada.*
Le point du jour, *el amanecer.*
Le matin, ou la matinée, *la mañana.*
Midi, *el medio dia.*

Le coucher du soleil, *el ponerse el sol.*
La brune, *el anochecer.*
La nuit, ou le soir, *la noche.*
Minuit, *media noche.*
Un jour de fête, *un dia de fiesta.*
Un jour ouvrier, *un dia de trabajo.*
Une heure, *una hora.*
Une demi-heure, *una media hora.*
Un quart d'heure, *un cuarto de hora.*
Une minute, *un minuto.*
Un moment, *un rato,* ou *un momento.*
Un instant, *un instante.*
Une semaine, *una semana.*
Un mois, *un mes.*
Un an, *un año.*
L'année, *el año.*
Un siècle, *un siglo.*
L'éternité, *la eternidad.*
Le commencement, *el principio.*
Le milieu, *el medio.*

La fin, *el fin*.
Le printemps, *la primavera.*
L'été, *el verano, el estio.*
L'automne, *el otoño.*
L'hiver, *el invierno.*
La canicule, *la canicula.*
La moisson, *las mieses.*
Les vendanges, *las vendimias.*
La tonte, *el esquileo.*

LES ÉLÉMENS, ASTRES, ETC.

Le feu, *el fuego.*
L'air, *el aire.*
La terre, *la tierra.*
L'eau, *el agua.*
La mer, *el mar.*
Une source, *un manantial.*
Une fontaine, *una fuente.*
Un étang, *un estanque.*
Un torrent, *un torrente.*
Une rivière, *un rio.*
Un ruisseau, *un arroyo.*
Le rivage, *la ribera.*
Le bord, *la orilla.*
Un canal, *un canal.*
Le soleil, *el sol.*
La lune, *la luna.*
Une étoile, *una estrella.*
Une planète, *un planeta.*

Une comète, *un cometa.*
Les rayons du soleil, *los rayos del sol.*
La lumière; *la luz.*
Les ténèbres, *las tinieblas.*
Le froid, *el frio.*
La chaleur, *el calor.*
Une vapeur, *un vapor.*
Le vent, *el viento.*
Une nuée, ou un nuage, *una nube.*
La pluie, *la lluvia.*
La grêle, *el granizo.*
La gelée, *la escarcha.*
La rosée, *el rocio.*
La neige, *la nieve.*
Le brouillard, *la niebla.*
Une tempête, *una tempestad.*
Un éclair, *un relámpago.*
Le tonnerre, *el trueno.*
Un coup de tonnerre, *un trueno.*
La foudre, ou le tonnerre, *el rayo.*
Un tremblement de terre, *un terremoto.*
Le déluge, *el diluvio.*
Une inondation, *una inundacion.*

MÉTAUX ET MINÉRAUX.

Une mine, *ana mina.*
Un minéral, *un mineral.*
Un métal, *un metal.*
De l'or, *oro.*
De l'argent, *plata.*
Du cuivre, *cobre.*
Du fer, *hierro.*
De l'acier, *acero.*
De l'étain, *estaño.*
Du plomb, *plomo.*
Du ferblanc, *hoja de lata.*
Pierre d'aimant, *piedra iman.*
Du vif-argent, *azogue.*
Du soufre, *azufre.*
De l'antimoine, *antimonio.*
Du vitriol, *vitriolo.*
De l'arsenic, *arsénico.*
Pierre précieuse, *piedra pre-
ciosa.*
Un diamant, *un diamante.*
Un rubis, *un rubí.*
Un émeraude, *una esmeralda.*
Une perle, *una perla.*
Une topaze, *un topacio.*
Une agate, *una agata.*
Du cristal, *cristal.*
Du marbre, *mármol.*
De l'albâtre, *alabastro.*

Du jaspe, *jaspe.*
De la gomme, *goma.*
Du parfum, *perfume.*
De la poix, *pez.*
Du goudron, *alquitran.*
De la résine, *resina.*
De l'ambre, *ambar.*
De la mirrhe, *mirra.*
De l'encens, *incienso.*

DE LA CAMPAGNE ET DE L'AGRICULTURE.

Un village, ou un endroit,
un lugar.
Un hameau, ou petit village,
una aldea.
Une métairie, *una granja.*
Une ferme, *una quinta.*
Une montagne, *una mon-
taña.*
Un fond, *un hondo.*
Un marais, *una laguna.*
Un bourbier, *un cenagal.*
Une plaine, *una llanura.*
Une vallée, *un valle.*
Une caverne, *una cueva.*
Un coteau, *la falda de un
monte.*
Une colline, *una colina.*

Un pré, *un prado.*
Une haie, *un seto.*
Un fossé, *un foso.*
Du sable, *arena.*
De la pierre, *piedra.*
De la chaux, *cal.*
Pierre à aiguiser, *piedra de amolar.*
Pierre de touche, *piedra de toque.*
Une tuile, *una teja.*
Une brique, ou **un carreau,** *un ladrillo.*
Une ardoise, *una pizarra.*
Un caillou, *un guijarro.*
De l'argile , ou de la terre, *barro.*
De la craie, *greda.*
Une forêt, *una selva.*
Un bois, *un bosque.*
Un désert, *un desierto.*
Un arbre, *un árbol.*
Un arbrisseau, *un arbolito.*
Un tronc, *un tronco.*
Une branche, *un ramo.*
Un rejeton, *un pimpollo.*
La sève, *el suco.*
Un buisson, *una mata.*
Un champ, *un campo.*
Du fumier, *estiercol.*

De l'herbe, *yerba.*
De la graine, *simiente.*
Une racine, *una raiz.*
Un légume, *una legumbre.*
De l'orge, *cebada.*
De l'avoine, *avena.*
Du blé, *trigo.*
Du seigle, *centeno.*
Un épi, *una espiga.*
Les grains, *los granos.*
De la paille, *paja.*
La récolte, *la cosecha.*
La vigne, *la viña.*
Une grappe, *un racimo.*
La vendange, *la vendimia.*
Un chariot, *un carro.*
La roue, *la rueda.*
L'essieu, *el eje.*
Le joug, *el yugo.*
Le fouet, *el látigo.*
Un homme de la campagne, ou un paysan, *un hombre del campo.*
Un ouvrier, *un trabajador.*
Un journalier, *un jornalero.*
Un laboureur, *un labrador.*
Un moissonneur, *un segador.*
Un charretier , *un carretero.*
Un vendangeur , *un vendimiador.*

La charrue, *el arado.*
Une pioche, *azadon.*
Une pelle, *una pala.*
Un sillon, *un surco.*
Une faux, *una guadaña.*
Une faucille , *una hoz de segar.*
Un crible, *un harnero.*
Une aire, *una era.*
Un jardin, *un jardin.*
Un jardin potager , *una huerta.*
Un clos, *un cercado.*
Une avenue, *una alameda.*
Un berceau, *un emparrado.*
Une treille, *una parra.*
Une fontaine, *una fuente.*
Un bassin , *una fuente de jardin.*
Un tuyau, *un caño.*
Un jet d'eau, *un surtidor.*
Une plante , *una planta.*
Une feuille d'arbre, *una hoja de árbol.*

ARBRES ET FRUITS.

Un chêne, *una encina.*
Un frêne, *un fresno.*
Un orme, *un olmo.*

Un tilleul, *un tilo.*
Un aulne, *un chopo.*
Un peuplier, *un álamo.*
Un laurier, *un laurel.*
Du buis, *box.*
Un myrte, *un mirto.*
Sureau, *sauco.*
Épine, *espino.*
Genêt, *retama.*
Lierre, *yedra.*
Jonc, *junco.*
Du fruit, *fruta.*
Une poire, *una pera.*
Une pomme, *una manzana.*
Des pommes de rainette, *camuesas.*
Des abricots, *albaricoques.*
Des pêches , *albérchigos , abridores , ou melocotones.*
Roseau, *caña.*
Ronce, épine, ou haie, *zarza.*
Cyprès, *cipres.*
Cèdre, *cedro.*
Des prunes, *ciruelas.*
Des cerises, *guindas.*
Des guignes, ou des bigarreaux, *cerezas.*
Des figues, *brebas,* ou *higos.*
Des grenades, *granadas.*

Des coings, *membrillos.*
Des mûres, *moras.*
Du raisin, *uvas.*
Du raisin sec, *pasas.*
Des dattes, *dátiles.*
Des oranges, *naranjas.*
Des limons, *limones.*
Des noix, *nueces.*
Des noisettes, ou des avelines,
  avellanas.
Des fraises, *fresas.*
Des olives, *aceitunas.*
Des châtaignes, *castañas.*
Des nèfles, *nispolas.*
Des amandes, *almendras.*
Pomme de pin, *piña.*

FLEURS ET LÉGUMES.

Une fleur, *una flor.*
Un bouquet, *un ramillete.*
Un bouton, *un boton.*
Une rose, *una rosa.*
Un œillet, *un clavel.*
De la giroflée, *aleli.*
Du lis, *lirio.*
Fleur-de-lis, *azucena.*
Une tulipe, *un tulipan.*
Du jasmin, *jazmin.*
Une anémone, *una anémona.*

De la jonquille, *junquillo.*
De la jacinte, *jacinto.*
Amarante, ou passe-ve-
  lours, *amaranto.*
De la violette, *violeta.*
Pensée, *trinitaria.*
Tournesol, *girasol.*
De la fleur d'oranger, *aza-*
  har.
Un chou, *una berza.*
Un chou pommé, *un re-*
  pollo.
Une laitue, *una lechuga.*
De l'ognon, *cebolla.*
Des porreaux, *puerros.*
De l'ail, *ajos.*
Des artichauts, *alcachofas.*
Des raves, *rábanos.*
Des épinards, *espinacas.*
Des choux-fleurs, *coliflo-*
  res.
Des asperges, *espárragos.*
Du céleri, *apio.*
Des carottes, *zanahorias.*
Des panais, *chirivias.*
De la vesce, *algarroba.*
De la chicorée, *chicoria.*
Des champignons, *setas,*
  ou *hongos.*
Des lantilles, *lentejas.*

Des pois, *guisantes*.
Des fèves, *habas*.
Des haricots, *judias*.
Des navets, *nabos*.
Des concombres, *cohombros*.
Une citrouille, *una calabaza*.
Un melon, *un melon*.
Un melon d'eau, *una sandia*.
Du cresson, *berros*.
Des truffes, *criadillas de tierra*.
Des pommes de terre, *patatas*.

Du poupier, *verdolaga*.
De l'oseille, *acederas*.
Du persil, *perejil*.
Du baume, *yerba buena*.
Du thym, *tomillo*.
Du cerfeuil, *perifollo*.
De la lavande, *espliego*.
De l'ortie, *ortiga*.
De la ciguë, *cicuta*.
De la sauge, *salvia*.
De l'anis, *anis*.
Des mauves, *malvas*.

CHAPITRE II.

LISTE DES ADJECTIFS LES PLUS USITÉS.

On marque la terminaison féminine, lorsqu'elle n'est pas la même que la terminaison masculine.

N° 10. — *Qualités physiques.*

Grand, *grande*.
Petit, *pequeño*, a.

Gros, *grueso*, a.
Épais, *espeso*, a.

Mince, *delgado,* a.

Haut, *alto,* a.

Bas, *bajo,* a.

Long, *largo,* a.

Court, *corto,* a.

Large, *ancho,* a.

Étroit, *estrecho,* a.

Droit, *derecho,* a.

Tors, *torcido,* a.

Neuf, nouveau, *nuevo,* a.

Ancien, *antiguo,* a.

Vieux, *viejo,* a.

Jeune, *jóven.*

Gras, *gordo,* a.

Maigre, *flaco,* a.

Pesant, lourd, *pesado,* a.

Léger, *ligero,* a.

Plein, *lleno,* a.

Vide, *vacio,* a.

Dur, *duro,* a.

Mou, *blando,* a.

Doux, *dulce.*

Amer, *amargo,* a.

Aigre, *agrio,* a.

Net, *limpio,* a.

Sale, *sucio,* a.

Chaud, *caliente.*

Froid, *frio,* a.

Frais, *fresco,* a.

Sec, *seco,* a.

Humide, *húmedo,* a.

Mouillé, *mojado,* a.

Fort, *fuerte.*

Faible, *débil.*

Raide, *tieso,* a.

Agile, *ágil.*

Beau, *bello,* a.

Bien fait, *bien hecho,* a.

Joli, *lindo,* a.

Laid, *feo,* a.

Contrefait, *contrahecho,* a.

Camus, *romo,* a.

Aveugle, *ciego,* a.

Borgne, *tuerto,* a.

Louche, *visco,* a.

Boiteux, *cojo,* a.

Estropié, *estropeado,* a.

Bossu, *corcobado,* a.

Chauve, *calvo,* a.

Muet, *mudo,* a.

Sourd, *sordo,* a.

Malade, *enfermo,* a.

Maladif, *achacoso,* a.

Blanc, *blanco,* a.

Noir, *negro,* a.

Rouge, *encarnado,* a.

Roux, *rojo,* a.

Écarlate, *color de grana.*

Bleu, *azul.*

Bleu céleste, *azul celeste.*

Vert, *verde*.
Gris, *pardo, a*.
Gris de fer, *color de hierro*.
Jaune, *amarillo, a*.
Violet, *morado, a*.
Brun, *moreno, a*.
Cramoisi, *carmesi*.
Vermeil, *bermejo, a*.

Couleur fauve, *color de ante*.
Orangé, *anaranjado, a*.
Blanchâtre, *blanquizco, a*.
Noirâtre, *negruzco, a*.
Rougeâtre, *bermejizo, a*.
Verdâtre, *verducho, a*.
Grisâtre, *parducho, a*.
Jaunâtre, *amarillento, a*.

Nº 11. — *Qualités morales.*

Bon, *bueno, a*.
Mauvais, *malo, a*.
Méchant, *ruin*.
Savant, *sabio, a*.
Ignorant, *ignorante*.
Facile, aisé, *fácil*.
Difficile, malaisé, *difícil*.
Difficulteux, *dificultoso, a*.
Riche, *rico, a*.
Pauvre, *pobre*.
Franc, *franco, a*.
Adroit, *diestro, a*.
Maladroit, *torpe*.
Rusé, *astuto, a*.
Simple, *sencillo, a*.
Habile, *hábil*.
Incapable, *incapaz*.
Expérimenté, *experto, a*.
Ivre, *borracho, a*.

Heureux, *dichoso, a*.
Malheureux, *desdichado, a*.
Vrai, véritable, *verdadero, a*.
Faux, *falso, a*.
Incommode, *molesto, a*.
Mélancolique, *malancólico, a*.
Fantasque, *fantástico, a*.
Capricieux, *caprichoso, a*.
Joyeux, *alegre*.
Triste, *triste*.
Content, *contento, a*.
Satisfait, *satisfecho, a*.
Fâché, *enojado, a*.
Vertueux, *virtuoso, a*.
Vicieux, *vicioso, a*.
Sage, *sabio, a, juicioso, a*.
Fou, *loco, a*.
Prudent, *prudente*.
Imprudent, *imprudente*.

Insensé, *insensato, a.*

Juste, *justo, a.*

Injuste, *injusto, a.*

Vaillant, *valiente.*

Lâche, *cobarde.*

Fidèle, *fiel.*

Infidelle, *infiel.*

Saint, *santo, a.*

Profane, *profano, a.*

Pieux, *piadoso, a.*

Charitable, *caritativo, a.*

Hautain, *altanero, a.*

Altier, *altivo, a.*

Orgueilleux, *orgulloso, a.*

Humble, *humilde.*

Innocent, *inocente.*

Coupable, *culpable.*

Sincère, *sincero, a.*

Menteur, *mentiroso, a.*

Trompeur, *engañoso, a.*

Fin, *fino, a.*

Chaste, *casto, a.*

Lascif, *lascivo, a.*

Modeste, *modesto, a.*

Immodeste, *inmodesto, a.*

Honteux, *vergonzoso, a.*

Timide, *timido, a.*

Effronté, *desvergonzado, a.*

Hardi, *atrevido, a.*

Insolent, *insolente.*

Peureux, *medroso, a.*

Querelleur, *pendenciero, a.*

Paresseux, *perezoso, a.*

Affable, *afable.*

Poli, *cortes.*

Honnête, *honesto, a, honrado, a.*

Déshonnête, *deshonesto, a.*

Dur, *rudo, a, duro, a.*

Grossier, *basto, a.*

Clément, *clemente.*

Cruel, *cruel.*

Vindicatif, *vengativo, a.*

Docile, *dócil.*

Indocile, *indócil.*

Opiniâtre, *terco, a.*

Entêté, *porfiado, a.*

Libéral, *liberal.*

Prodigue, *pródigo, a.*

Ménager, *económico. a.*

Nº 12. — *Noms de Nations, Provinces et Villes.*

Abyssin, *Abisinio, a.*

Africain, *Africano, a.*

Agarien, *Agareno, a.*

Alain, *Alano, a.*

Algérien, *Argelino, a.*

Allemand, *Aleman, na.*

Américain, *Americano, a.*

Anglais, *Ingles, sa.*

Argolien, *Argólico, a.*

Arménien, *Armenio, a.*

Assyrien, *Asirio, a.*

Athénien, *Ateniense.*

Autrichien, *Austriaco, a.*

Babilonien, *Babilonio, a.*

Barbaresque, *Berberisco, a.*

Bavarois, *Bábaro, a.*

Belge, *Belga.*

Béotien, *Beocio, a.*

Biscayen, *Vizcaino, a.*

Bohémien, *Bohemio, a.*

Bourguignon, *Borgoñes, sa.*

Chaldéen, *Caldeo, a.*

Canadien, *Canadiense.*

Cappadocien, *Capadocio, a.*

Caraïbe, *Caribe.*

Carthaginois, *Cartagines, sa.*

Celtibérien, *Celtibero, a.*

Chinois, *Chino, a.*

Corinthien, *Corintio, a.*

Corse, *Corso, a.*

Créole, *Criollo, a.*

Crétois, *Cretense.*

Danois, *Dinamarques, sa,* ou *Danes, sa.*

Dace, *Dacio, a.*

Ecossais, *Escoces, sa.*

Egyptien, *Egipcio, a.*

Eolien, *Eolio, a.*

Ephésien, *Efesio, a.*

Espagnol, *Español, la.*

Ethiopien, *Etiope.*

Européen, *Europeo, a.*

Flamand, *Flamenco, a.*

Franc, *Franco, a.*

Français, *Frances, sa.*

Galiléen, *Galileo, a.*

Gaulois, *Galo, a.*

Genevois, *Ginebrino, a.*

Génois, *Genoves, sa.*

Germain, *Germano, a.*

Goth, *Godo, a.*
Grec, *Griego, a.*
Groënlandais, *Groenlandes, sa.*
Hanovrien, *Hanoveriano, a.*
Hébreu, *Hebreo, a.*
Hollandais, *Holandes, sa.*
Hongrois, *Húngaro, a.*
Hun, *Huno, a.*
Illirien, *Ilirio, a.*
Indien, *Indio, a,* ou *Indiano, a.*
Ionnien, *Jonio, a.*
Irlandais, *Irlandes, sa.*
Iroquois, *Iroques, sa.*
Islandais, *Islandes, sa.*
Italien, *Italiano, a.*
Japonais, *Japones, sa.*
Lacédémonien, *Lacedemonio, a.*
Locrien, *Locrense.*
Lucquais, *Luquense.*
Lybien, *Libico, a,* ou *Libio, a.*
Lycien, *Licio, a.*
Lydien, *Lidio, a.*
Lyonnais, *Leones, sa.*
Macédonien, *Macedonio, a.*
Malais, *Malayo, a.*
Malouin, *Maluino, a.*

Mammeluk, *Mameluco, a.*
Maure, *Moro, a.*
Mauresque, *Morisco, a.*
Milésien, *Milesio, a.*
Mingrelien, *Mingrelio, a.*
Napolitain, ou Neapolitain, *Napolitano, a.*
Navarrois, *Navarro, a.*
Normand, *Normando, a.*
Olimpien, *Olimpico, a,* ou *Olimpio, a.*
Parisien, *Parisiense.*
Péruvien, *Peruano, a.*
Phénicien, *Fenicio, a.*
Philistin, *Filisteo, a.*
Phocéen, *Foceo, a,* ou *Focense.*
Phrygien, *Frigio, a.*
Piémontais, *Piamontes, sa.*
Polonais, *Polaco, a.*
Portugais, *Portugues, sa.*
Rhodien, *Rodio, a.*
Romain, *Romano, a,*
Russe, *Ruso, a.*
Samaritain, *Samaritano, a.*
Sarde, *Sardo, a.*
Sarrasin, *Sarraceno, a.*
Saxon, *Sajon, na.*
Scandinave, *Escandinavo, a.*

Silicien, *Siciliano, a.*	Thébain, *Tébano, a.*
Spartiate, *Espartano, a.*	Thésalien, *Tesalio, a.*
Suédois, *Sueco, a.*	Troyen, *Troyano, a.*
Suisse, *Suizo, a.*	Turc, *Turco, ca.*
Syrien, *Sirio, a.*	Vénitien, *Veneciano, a.*
Sydonien, *Sidonio, a.*	Volsque, *Vōlsco, a.*

CHAPITRE III.

LISTE DES VERBES LES PLUS USITÉS.

Ceux qui sont irréguliers sont suivis d'un chiffre qui marque la classe d'irrégularité à laquelle ces verbes appartiennent d'après la *Grammaire*. Ce chiffre (9ᵉ) marque l'irrégularité dans le participe passif.

Nº 13. — *Actions naturelles de l'homme.*

Naître, *nacer,* 3ᵉ.	Maigrir, *enflaquecerse,* 3ᵉ.
Croître, *crecer,* 3ᵉ.	Accoucher, *parir.*
Vivre, *vivir.*	Vieillir, *envejecer,* 3ᵉ.
Engraisser, *engordar.*	Mourir, *morir,* 8ᵉ.
Rire, *reir,* 4ᵉ.	Pleurer, *llorar.*

Soupirer, *suspirar*.
Éternuer, *estornudar*.
Bâiller, *bostezar*.
Souffler, *soplar*.
Siffler, *silvar*.
Chanter, *cantar*.
Danser, *bailar*.
Sauter, *saltar*.
Courrir, *correr*.
Lutter, *luchar*.
Ecouter, *escuchar*.
Cracher, *escupir*.
Se moucher, *sonarse*, 2ᵉ.
Saigner (neutre), *echar san-gre*.
Suer, *sudar*.
Voir, *ver*, 8ᵉ.
Regarder, *mirar*.
Entendre, *oir*, 8ᵉ.
Sentir, flairer, *oler*, 2ᵉ.

Toucher, *tocar*.
Tousser, *toser*.
S'enfler, *hincharse*.
Être enrhumé, *estâr* (8ᵉ) *costipado*.
Gratter, *rascar*.
Pisser, uriner, *mear, orinar*.
Aller du corps, *hacer* (8ᵉ) *del cuerpo*.
Soigner un malade, *cuidar de un enfermo*.
Guérir, *sanar, recobrar la salud*.
Se porter mieux, *mejorarse*.
Être convalescent, *convalecer*. 3ᵉ.
Aller plus mal, *empeorar*.
Saigner (actif), *sangrar*.
Le faire saigner, *sangrarse*.
Se purger, *purgarse*.

Nᵒ 14. — *Actions intérieures de l'homme.*

Concevoir, *concebir*, 4ᵉ.
Penser, *pensar*, 1ʳ.
Méditer, *meditar*.
Connaître, *conocer*, 3ᵉ.
Savoir, *saber*, 8ᵉ.
Vouloir, *querer*, 8ᵉ.
Imaginer, *imaginar*.

Croire, *creer*, 7ᵉ.
Persuader, *persuadir*.
Attirer, *atraer*, 8ᵉ.
Aveugler, *cegar*, 1ʳᵉ.
Exagérer, *ponderar*.
Douter, *dudar*.
Oublier, *olvidar*.

Se souvenir, *acordarse*, 2e.
Soupçonner, *recelar*.
Faire attention, *atender*, 1re.
Désirer, *desear*.
Espérer, attendre, *esperar*.
Attendre, *aguardar*.
Juger, *juzgar*.
Conclure, *concluir*, 6e.
S'opiniâtrer, *porfiar*.

Résoudre, *resolver*, 2e et 9e.
Être ravi, se réjouir, *alegrarse*.
Se chagriner, *apesadumbrarse*.
S'ennuyer, *fastidiarse*.
Se fâcher, *enojarse*.
Enrager, *rabiar*.
S'apaiser, *aplacarse*.

N° 15. — *Actions de la vie privée*.

MANGER ET BOIRE.

S'HABILLER ET SE COUCHER.

Manger, *comer*.
Boire, *beber*.
Avaler, *tragar*.
Goûter, *probar*, 2e.
Découper, *trinchar*.
Déjeûner, *almorzar*, 2e.
Dîner, *comer*.
Souper, *cenar*.
S'enivrer, *embo*
Boire un coup, *echar un trago*.
Verser à boire, *echar de beber*.
Nourrir, *alimentar*.
Accommoder, fricasser, faire la cuisine, *guisar*.

S'habiller, *vestirse*, 4e.
Se déshabiller, *desnudarse*.
Se changer, *mudarse de ropa*.
Se chausser, *calzarse*.
Se déchausser, *descalzarse*.
Se raser, se faire raser, *afeitarse*.
Se baigner, *bañarse*.
S'agrafer, *abrocharse*.
Se couvrir, *cubrirse*, 9e.
Se déguiser, *disfrazarse*.
Se coucher, *acostarse*, 2e.
Dormir, *dormir*, 8e.
Sommeiller, *dormitar*.
S'endormir, *adormecerse*, 3e.
Reposer. *descansar*.

Eveiller, *despertar*, 1re.
Se lever, *levantarse*.
Se lever matin, *madrugar*.
Garder le lit, *hacer* (8e) *cama*.

TRAVAIL DES MAINS.

Faire, *hacer*, 8e.
Travailler, *trabajar*.
Fermer, *cerrar*, 1re.
Ouvrir, *abrir*, 9e.
Hausser, *alzar*.
Tirer un rideau, *correr una cortina*.
Emplir, remplir, *llenar*.
Répandre, *derramar*.
Mouiller, tremper, *mojar*.
Arracher, *arrancar*.
Amollir, *ablandar*.
Etendre, *estender*, 1re.
Lier, attacher, *atar*.
Délier, détacher, *desatar*.
Amasser, *amontonar*.
Cueillir, *coger*.
Tirer, jeter, *echar*.
Rompre, casser, *romper*.
Déchirer, *desgarrar*.
Casser, briser, *quebrar*, 1re.
Serrer, *apretar*, 1re.

Lâcher, *soltar*, 2e.
Saisir, *asir*, 8e.
Cacher, *ocultar*.
Couvrir, *cubrir*, 9e.
Découvrir, *descubrir*, 9e.
Chercher, *buscar*.
Trouver, *hallar*.
Rencontrer, *encontrar*, 2e.
Salir, *ensuciar*.
Tacher, *manchar*.
Nettoyer, *limpiar*.
Balayer, *barrer*.
Chauffer, *calentar*, 1re.
Refroidir, *enfriar*.
Peindre, *pintar*.
Bâtir, *edificar*.
Boucher, *tapar*.
Relier, *encuadernar*.
Coudre, *coser*.
Filer, *hilar*.
Doubler, *doblar*.
Plier, plisser, *plegar*, 1re.
Garnir, *guarnecer*, 3e.
Chasser, *cazar*.
Pêcher, *pescar*.
Mendier, *mendigar*.

ACTES RELIGIEUX.

Prier, *rezar*.

Se prosterner, *postrarse.*

Se mettre à genoux , *arrodi-llarse.*

Entendre la messe , *oir mi-sa,* 8ᵉ

Confesser, *confesar,* 1ʳᵉ.

Communier, *comulgar.*

Pécher, *pecar.*

Manquer, *faltar.*

Se repentir, *arrepentirse,* 3ᵉ.

Faire dire une messe, *man-dar decir una misa.*

Se damner, *condenarse.*

Faire l'aumône, *dar* (8ᵉ) *li-mosna.*

Prendre les ordres , *orde-narse.*

DU LOGEMENT.

Se loger, *alojarse.*

Louer, *alquilar.*

Meubler, *alhajar.*

Demeurer, habiter, *vivir, ha-bitar.*

Déménager, *mudar de casa.*

Frapper, *llamar á la puerta.*

Donner son adresse, *dar* (8ᵉ) *las señas de su casa.*

DE L'ÉTUDE.

Lire, *leer,* 7ᵉ.

Écrire, *escribir,* 9ᵉ.

Effacer, *borrar.*

Transcrire, *trasladar.*

Traduire, *traducir,* 8ᵉ.

Corriger, *corregir,* 4ᵉ, *en-mendar,* 1ʳᵉ.

Signer, *firmar.*

Composer, *componer,* 8ᵉ.

Apprendre par cœur, *apren-der de memoria.*

Étudier, *estudiar.*

Plier une lettre, *doblar una carta.*

Cacheter une lettre , *cerrar* (1ʳᵉ) *una carta.*

Mettre l'adresse , *poner* (8ᵉ) *el sobrescrito.*

Nº 16. — *Actions de la vie sociale.*

PARLER, ETC.

Prononcer, *pronunciar.*

Parler, *hablar.*

Dire, *decir,* 8ᵉ.

Haranguer, *arengar.*
Babiller, *charlar.*
Crier, *gritar.*
Conter, *contar,* 2ᵉ.
Se taire, *callar.*
Publier, *publicar.*
Appeler, *llamar.*
Interroger, *preguntar.*
Répondre, *responder.*
Converser, *platicar.*
Avertir, *avisar.*
Ordonner, *mandar.*
Avouer, *confesar,* 1ʳᵉ.
Assurer, *asegurar.*
Nier, *negar,* 1ʳᵉ.
Mentir, *mentir,* 5ᵉ.
Feindre, *fingir.*
Se fâcher, *enojarse.*
Défendre, *defender,* 1ʳᵉ.
Gronder, *regañar.*
Quereller, *reñir,* 4ᵉ.
Raisonner, *raciocinar.*
Médire, *murmurar.*
Caresser, *acariciar.*
Flatter, *lisonjear, adular.*
Baiser, *besar.*
Saluer, *saludar.*
Faire une révérence, *hacer (8ᵉ) una cortesia.*
Louer, *alabar.*

Châtier, punir, *castigar.*
Reprocher, *echar en cara.*
Mépriser, *menospreciar.*
Se plaindre, *quejarse.*
Menacer, *amenazar.*
Pardonner, *perdonar.*
Mériter, *merecer,* 3ᵉ.
Récompenser, *premiar.*
Satisfaire, *satisfacer,* 8ᵉ.
Haïr, *aborrecer,* 3ᵉ.
Oser, *atreverse.*
Obéir, *obedecer,* 3ᵉ.
Féliciter, *dar (8ᵉ) la enhora-buena.*
Défier, appeler en duel, *de-safiar.*
Vaincre, *vencer.*
Persécuter, poursuivre, *per-seguir,* 4ᵉ.
Voler, *robar.*
Tuer, *matar.*
Congédier, renvoyer, *des-pedir,* 4.
Soulager, *aliviar.*
Délivrer, *libertar.*
Se divertir, *divertirse,* 5ᵉ.
Jouer, *jugar,* 2ᵉ.
Perdre, *perder,* 1ʳᵉ.
Gager, parier, *apostar,* 2ᵉ.
Gagner, *ganar.*

CONTRATS.

Acheter, *comprar.*
Vendre, *vender.*
Faire marché, *ajustar.*
Valoir, *valer,* 8e.
Coûter, *costar,* 1re.
Offrir, *ofrecer,* 3e.
Surfaire, *pedir* (4e) *demasiado.*
Marchander, *regatear.*
Déposer, *depositar.*
Prêter, *prestar.*
Emprunter, *pedir* (4e), *tomar prestado.*
Faire crédit, *fiar.*
Prendre à crédit, *tomar fiado.*
Devoir, *deber.*
Payer, *pagar.*
Tromper, *engañar.*
Donner, *dar,* 8e.
Changer, *trocar,* 2e.
Prendre, *tomar.*
Recevoir, *recibir.*
Oter, *quitar.*
Promettre, *prometer.*
Dépenser, *gastar.*
Employer, *emplear.*
Mesurer, *medir,* 4e.
Envelopper, *envolver,* 2e, 9e.

PUNITIONS.

Pendre, *ahorcar.*
Fouetter, *azotar.*
Exiler, bannir, *desterrar,* 1re.
Envoyer aux bagnes, *echar á presidio.*
Mettre à l'amende, *multar.*
Mettre aux fers, *echar grillos.*
Mettre dans un cachot, *poner en un calabozo.*

ACTES MILITAIRES.

Recruter, faire des recrues, *reclutar.*
Camper, *acampar.*
Se mettre en campagne, *salir* (8e) *á campaña.*
Amorcer, *cebar.*
Bourrer, etc., *atacar.*
Mettre en joue, *apuntar.*
Mettre en déroute, *derrotar.*
Poursuivre, *perseguir,* 4e.
Surprendre, *sorprender.*
Assiéger, *sitiar.*
Bloquer, *bloquear.*
Se retrancher, *atrincherarse.*
Tuer, *matar.*

Blesser, *herir*, 5ᵉ

Monter la garde, *entrar de guardia.*

Être de garde, *estar (8ᵉ) de guardia.*

Relever la garde, *mudar la guardia.*

Descendre la garde, *salir (8ᵉ) de guardia.*

Mettre des sentinelles, *poner (8ᵉ) centinelas.*

Relever une sentinelle, *mudar una centinela.*

Être en faction, *estar de centinela.*

Donner le congé, *dar (8ᵉ) la licencia.*

Manœuvrer, *maniobrar.*

Nº 17. — *Actes de la nature.*

Pleuvoir, *llover*, 2ᵉ.

Bruiner, *lloviznar.*

Neiger, *nevar*, 1ʳᵉ.

Geler, *helar*, 1ʳᵉ.

Faire chaud, *hacer calor.*

Faire froid, *hacer frio.*

Faire une chaleur étouffante, *hacer bochorno.*

Se fondre, *derretirse*, 4ᵉ.

Tonner, *tronar*, 2ᵉ.

Eclairer, *relampaguear.*

Grêler, *granizar.*

Faire beau temps, *hacer buen tiempo.*

Faire mauvais temps, *hacer mal tiempo.*

Se lever (le soleil, etc.), *salir*, 8ᵉ.

Se coucher (le soleil, etc.) *ponerse*, 8ᵉ.

Faire jour, *amanecer*, 3ᵉ.

Faire nuit, *anochecer*, 3ᵉ.

Faire clair de lune, *hacer luna.*

Se couvrir (le temps), *nublarse.*

Se remettre (le temps), *asentarse*, 1ʳᵉ.

Faire du vent, *hacer viento* ou *aire.*

CHAPITRE IV.

LISTE DES AUTRES PARTIES DU DISCOURS.

N° 18. — *Adverbes et Locutions adverbiales.*

ADVERBES DE TEMPS [1].

Quand? *cuando?*

Aujourd'hui, *hoy.*

Ce matin, *esta mañana.*

L'après-midi, *á la tarde.*

Ce soir, *esta tarde, esta no-che* [2].

A la brune, sur le soir, *al anochecer.*

Hier, *ayer.*

Hier au soir, *ayer tarde, ayer noche* [2].

Avant-hier, *anteayer.*

Demain, *mañana.*

Demain matin, *mañana por la mañana.*

Après demain, *despues de mañana.*

Depuis un an, *despues de un año.*

Dans un mois, *dentro de un mes.*

(1) Quelques uns de ces adverbes appartiennent en même temps à plusieurs classes. Il y en a aussi qui sont en même temps des prépositions ou des conjonctions, tels que *après, encore, quand, cependant.*

(2) Voyez le n° 31 de la GRAMMAIRE.

Toujours, *siempre.*

Jamais, *jamas, nunca.*

A jamais, *para siempre.*

Souvent, fréquemment , *muchas veces, frecuentemente.*

Rarement, *raras veces.*

Journellement, *diariamente.*

Quelquefois, *algunas veces.*

La plupart du temps , *las
mas veces.*

Le lendemain, *al otro dia.*

Le surlendemain, *á los dos
dias.*

Autrefois, *en otro tiempo.*

Jadis, *en tiempos pasados.*

Dorénavant , désormais , *en
adelante, de hoy en ade-
lante.*

Maintenant, à present, *ahora,
al presente.*

Auparavant, *antes.*

Après, *despues.*

Dans peu, *dentro de poco.*

Cependant, en attendant, *entretanto, mientras tanto.*

Encore, *aun.*

Pas encore, *aun no.*

Bientôt , *luego , inmediatamente.*

Trod tôt, *demasiado pronto.*

Promptement, *pronto, presto,
prontamente.*

Vite, vitement, *presto , ligero.*

De bonne heure, *temprano.*

De meilleure heure, *mas temprano.*

De grand matin, *muy de mañana.*

Tard, *tarde.*

Au plus tard, *á mas tardar.*

Tout à coup, *de repente , de
golpe.*

Subitement, *repentinamente.*

Tous les deux jours , *de dos
en dos dias.*

De jour en jour, *de dia en
dia.*

De temps en temps, *de cuando en cuando.*

Alors, *entonces.*

Déjà, plus, *ya.*

Dans un clin d'œil , *en un
abrir y cerrar de ojos.*

A propos, *á tiempo, al caso.*

A point, *á punto.*

A contre-temps , *fuera de
tiempo.*

Au retour, *á la vuelta.*

ADVERBES DE QUANTITÉ.

Combien? *cuanto?*
Beaucoup, *mucho.*
Peu, *poco.*
Assez, *bastante, harto.*
Trop, *demasiado, mucho.*
Davantage, plus, *mas.*
Tout au plus, *á lo mas.*
Moins, *menos.*
Tant, autant, si, aussi, *tan, tanto.*
Très, fort, bien, *muy, mucho.*
En quantité, *en cantidad.*
A pleines mains, *á manos llenas.*
Par tas, *á montones.*
Environ, à peu près, *cerca de, poco mas ó menos.*
Presque, quasi, *casi, cuasi.*

ADVERBES DE LIEU.

Où, d'où, par où? *donde, de donde, por donde?*
Ici, d'ici, par ici, *aquí, de aquí, por aquí.*
Là, de là, *allí, de allí.*
Deçà, en deçà, *á la parte de acá.*
De là, au delà, *á la parte de allá.*
Dedans, *dentro.*
Dehors, *fuera.*
En dehors, *por defuera.*
Dessus, *encima.*
Dessous, *debajo.*
En bas, *abajo.*
En haut, *en lo alto.*
Partout, *por todas partes.*
Nulle part, *en ninguna parte.*
Autre part, *en otra parte.*
Ailleurs, *en otro lugar.*
Devant, *delante.*
Derrière, *detras.*
Autour, aux environs, *al rededor.*
Loin, *lejos.*
Près, *cerca.*
Vis-à-vis, *en frente.*
A droite, *á la derecha.*
A gauche, *á la izquierda.*

ADVERBES D'ORDRE.

Premièrement, *primeramente.*
En second lieu, *en segundo lugar.*

Ensuite, *despues, en seguida.*
Avant, *antes.*
Ensemble, *á un tiempo, junto.*
A la fois, *de una vez, á un tiempo.*
A demi, à la moitié, *á medias.*
Tout-à-fait, *del todo, enteramente.*
Tour à tour, *por turno, sucesivamente.*
A part, *á parte.*
De front, *de frente, de cara.*
En file, *por filas, de hilera.*
En foule, *de tropel.*
Au rebours, *al reves.*
En gros, *por mayor.*
En détail, *por menor.*
Tout au long, *por estenso.*

ADVERBES DE MANIÈRE ET
DE QUALITÉ.

Gaîment, *alegremente.*
Élégamment, *elegantemente.*
Lentement (¹), *lentamente.*
Bien, *bien.*
Mal, *mal.*

Mieux, *mejor.*
Pis, *peor.*
Ainsi, *así, de esta manera.*
De même, *lo mismo, del mismo modo.*
A dessein, exprès, *de intento, de propósito, adrede.*
Par hasard, *por acaso.*
A l'improviste, *de improviso.*
De bon cœur, volontiers, avec plaisir, *de buena gana, con gusto.*
A regret, à contre cœur, *de mala gana.*
A l'amiable, *amistosamente.*
A souhait, *á pedir de boca, á medida del deseo.*
A l'aise, *con comodidad.*
Avec raison, *con razon, justamente.*
A tort, *sin razon.*
A juste titre, *con justo título.*
A l'envi, *á porfía.*
Brusquement, *secamente, atropelladamente.*
En passant, *de paso.*

(1) Présque tous les adverbes qui terminent en *ment*, et dont on a parlé au nº 58 de la GRAMMAIRE, appartiennent à cette classe.

A la hâte, *á la ligera*, *de priesa*.

Tout bas, *bajo, muy bajo*.

Tout haut, *alto, muy alto*.

Doucement, *poco á poco*.

A petit bruit, *con disimulo, callandito*.

A qui mieux mieux, *á cual mejor*.

En cachette, *á escondidas*.

A la dérobée, *á hurtadillas*.

Par dessous main, *por bajo de cuerda*.

Tête à tête, *frente á frente, cara á cara*.

En badinant, *de chanza*.

Tout de bon, *de veras*.

En revanche, *en desquite*.

Par cœur, *de memoria*.

En vain, *en vano*.

ADVERBES D'AFFIRMATION, DE DOUTE, ETC.

Oui, si, *si*.

Sans doute, *sin duda*.

Certes, *ciertamente*.

A coup sûr, *seguro*, *por cierto*.

Sans manquer, *sin falta*.

Peut-être, *quizá*, *quizas*, *acaso*.

Non, *no*.

Nullement, point du tout, *de ningun modo*.

Non plus, pas davantage, *tampoco*.

Pourquoi? *por qué?*

N° 19. — *Prépositions.*

Devant, *delante* *.

Derrière, *detras* *.

Sur, *encima* *, *sobre*.

Sous, *debajo* *, *bajo*.

Dans, en, *en*.

Parmi, *entre*.

(*) Les prépositions qui sont accompagnées de ce signe demandent le *de* en espagnol : devant lui, *delante de él*; derrière la muraille, *detras de la muralla*.

Chez, *en casa de, entre.*

Vers, *acia.*

Jusque, *hasta.*

Par dessus, *por encima* *.

Près de, *cerca de.*

Avant, *antes* *.

Après, depuis, *despues* *.

Entre, *entre.*

Dès, *desde.*

Avec, *con.*

Durant , pendant , *durante, mientras.*

Outre, *ademas* *.

Selon, suivant, *segun.*

Moyennant, *mediante.*

Conformément à, *conforme á.*

Sans, *sin.*

Excepté, sauf, *excepto, salvo, menos.*

Hors, hormis, *fuera* *.

Contre, *contra.*

Malgré, *á pesar de.*

Nonobstant, *no obstante, sin embargo* *.

Touchant, quant à, à l'égard de, *tocante á, en cuanto á.*

Envers, *acia.*

Pour, *por, para.*

Par, *por.*

A, *á.*

De, *de.*

Vis-à-vis, en face , *en frente* *.

En dépit, *á despecho, á pesar.*

Au préjudice, *en perjuicio.*

A mon , ton , son, etc., insu, *sin saberlo yo , tú, él etc.*

A cause de, *por causa de.*

A raison, *en razon.*

Au péril, *con peligro.*

Au bout, *al cabo.*

Aux environs , *en los alrededores.*

A travers, *al traves* *.

A une portée, *á un tiro.*

Auprès de, *cerca de, junto á.*

Nº 20. — *Conjonctions.*

Et, *y.*

Ni, *ni.*

De plus, *ademas.*

D'ailleurs, *por otra parte.*

Encore, *ademas.*

Ou, *ó.*

Si, *si.*

Sinon, *sino.*

Tantôt, *ya.*

Tantôt triste, tantôt gai, *ya triste, ya alegre; unas veces triste, otras alegre.*

Soit, *sea.*

Supposé que, *supuesto que.*

Pourvu que, *con tal que.*

A moins de, *á menos de.*

A moins que, *á menos que.*

Mais, *pero.*

Quoique, bien que, quand même, *aunque, aun cuando.*

Cependant, néanmoins, toutefois, *sin embargo, con todo, no obstante.*

Aussitôt que, *luego que, inmediatamente que.*

Lorsque, quand, *cuando.*

Dès que, *desde que.*

Tandis que, *mientras que, al paso que, á medida que.*

Pendant que, *mientras que.*

Enfin, *en fin.*

Afin que, *á fin que, para que.*

Parce que, car, *porque.*

C'est pourquoi, *por eso, por lo mismo.*

Ne fut-ce que, *aun cuando, aunque solo fuera por.*

Puisque, *pues que, ya que.*

Aussi, *también, ademas.*

Attendu que, *puesto que, visto que.*

Donc, *pues, luego.*

Par conséquent, *por consiguiente.*

Quoi qu'il en soit, *sea lo que quiera.*

Ainsi, *así.*

Comme, *como.*

En tant que, *en tanto que.*

Savoir, *es decir.*

C'est-à-dire, *esto es, es decir.*

Surtout, *sobre todo, especialmente.*

Au reste, du reste, *por lo demas.*

D'autant plus que, *mayormente cuando.*

Or, *ahora bien.*

N° 21. — *Interjections.*

Hélas! *ay! ay de mi!*
Mon Dieu! *Válgame Dios!*

Sainte-Vierge! *Virgen Santisima!*

Gare l'eau ! *agua va !*

Gare! gare! *guarda! guarda! cuidado! cuidado !*

Male peste, qu'il fait chaud! *cáspita, que calor hace !*

Allons ! *ea, vamos, vaya!*

Bis-bis ! *otra vez !*

Fort bien ! très bien ! *muy bine !*

A merveille ! *es un pasmo! grandemente !*

Voyez ! *mire Vd.!*

Fi ! le vilain ! *quítese allá el puerco !*

Morbleu ! *voto á tal !*

Alerte ! *alerta !*

Place ! place ! *á un lado !*

Prend ! prenez garde ! *cuidado !*

Au feu ! *fuego !*

Au voleur ! *ladrones !*

A l'assassin ! *que me matan ! que lo matan !*

Tais-toi ! *calla !*

Chut ! silence ! *silencio ! chiton !*

DIALOGUES FAMILIERS

EN FRANÇAIS ET EN ESPAGNOL.

PREMIER DIALOGUE.

Pour louer une chambre.

Madame , avez-vous des chambres à louer dans cette maison?	*Señora, tiene Vd. cuartos para alquilar.*
Oui , Monsieur : nous avons des chambres garnies et non garnies à louer présentement.	*Sí, Señor: tenemos cuartos amueblados y sin amueblar, que se alquilan al presente.*
Ayez la complaisance de me faire voir celles que vous avez.	*Hágame Vd. el favor de enseñarme los que tenga.*
Voulez-vous une chambre garnie?	*Quiere Vd. un cuarto con muebles?*

Oui, Madame.

S'il faut que ce soit au premier étage, je ne puis vous satisfaire; mais au second, j'ai ce que vous demandez.

Eh bien, n'importe, pourvu que ce soit un bon appartement.

Vous le verrez. Voulez-vous monter avec moi?

A la bonne heure, allons.

Que vous en semble? n'est-ce pas un bon appartement? voyez quel bon lit à trois matelas! ces chaises, cette table, cette glace.

Bon, bon, je le vois: je ne suis pas mécontent. Et quel en est le prix?

Est-ce par mois ou par an?

C'est par mois.

Vous paierez 8 piastres.

Mon Dieu! c'est très cher.

Tout est cher, Monsieur, et vous ne savez pas combien je paie de loyer pour cette maison; mais observez que c'est ici le meilleur quartier

Sí, Señora.

Si ha de ser en el primer piso, no puedo servir á Vd.; en el segundo si que tengo lo que Vd. pide.

Bien está, no importa, con tal que sea buen cuarto.

Ya le verá Vd. Quiere Vd. subir conmigo?

Vamos en hora buena.

Qae le parece á Vd? no es buen cuarto? mire Vd. que buena cama con sus tres colchones! estas sillas, esta mesa, este espejo.

Bien, bien, ya lo veo; no me disgusta. Y cual es el precio?

Ha de ser al mes, ó al año?

Al mes.

Pagará Vd. ocho pesos.

Jesus! es carísimo.

Todo va caro, Señor, y no sabe Vd. lo que pago yo de alquiler por esta casa; pero considere Vd. que es este el mejor barrio de la

de la ville, et que vous serez tout près du Bureau de la Poste, de la Bourse, de la promenade.

ciudad, y que estará muy cerca del correo, de la lonja y de la alameda.

Je vous en donnerai 6, et n'en parlons plus.

Yo le daré á Vd. seis pesos y no se hable mas de eso.

La volonté de Dieu soit faite.

Sea por Dios.

Y a-t-il un bon traiteur par ici?

Hay alguna fonda buena por aqui?

Oui, Monsieur, prenez à droite, et au premier coin à gauche vous en trouverez un à la troisième porte.

Sí, Señor, eche Vd. por la derecha, y á la primera esquina á mano izquierda en-contrará Vd. una á la ter-cera puerta.

Je vous remercie.

Muchas gracias.

Mais si vous vouliez man-ger ici, nous pourrions aussi nous arranger.

Pero si Vd. quisiera co-mer aquí, tambien podríamos componernos.

Eh bien, soit : combien me ferez-vous payer?

Pues bien, y cuanto me hará Vd. pagar?

Quand vous aurez vu com-ment je vous traite, nous parlerons du prix.

Cuando Vd. haya visto como le trato, hablaremos del precio.

C'est fort bien dit. Je vais chercher mes malles. En at-tendant, je vous serai obligé d'envoyer chercher un bar-bier et une blanchisseuse.

Dice Vd. muy bien. Voy por mis baules. Mientras tanto hágame Vd. el favor de hacer llamar á un barbero y una lavandera.

Oui, Monsieur, soyez tranquille.	*Si, Señor, pierda Vd. cuidado.*
Jusqu'à tantôt.	*Hasta luego.*

DEUXIÈME DIALOGUE.

Pour saluer une personne.

J'ai l'honneur de vous saluer, Monsieur.	*Beso á Vd. las manos (¹) Caballero.*
Bonjour, Monsieur, *ou* Madame.	*Buenos dias tenga Vd. Señor, ou Señora.*
Je vous souhaite bien le bonjour.	*Téngalos Vd. muy buenos.*
Comment vous portez-vous?	*Como lo pasa Vd?*
Bien, très bien.	*Bien, muy bien.*
Et vous?	*Y Vd?*
Là, là; passablement.	*Así, así; medianamente.*
A votre service.	*Para servir á Vd.*
Toujours tout de même.	*Sin novedad.*
Je suis bien aise de vous voir en bonne santé.	*Me alegro de ver á Vd. bueno.*
Et moi pareillement.	*Yo tambien.*
Je vous suis fort obligé.	*Viva Vd. muchos años (²).*

(1) Mot à mot : je vous baise les mains. Voyez la page 25.

(2) Vivez longues années. On n'emploie ce compliment que pour faire des remercîmens.

Comment se porte monsieur votre père.	*Como lo pasa el señor padre de Vd?*
Bien, Dieu merci.	*Bien, á Dios gracias.*
Se porte-t-on bien chez vous?	*Están buenos en su casa de Vd?*
Tout le monde se porte bien, grâces à Dieu.	*Todos están buenos, gracias á Dios.*
Il y a long-temps que je n'ai eu l'honneur de voir madame votre mère?	*Hace mucho tiempo que no he visto á la Señora madre de Vd.*
Elle est malade.	*Está mala.*
Qu'a-t-elle? *ou* qu'est-ce qu'elle a?	*Que tiene? ou que es lo que tiene?*
Elle est un peu indisposée.	*Está algo indispuesta.*
J'en suis bien fâché.	*Lo siento mucho.*

TROISIÈME DIALOGUE.

En se levant.

Comment, vous êtes encore au lit?	*Como, todavía está Vd. en la cama?*
Levez-vous.	*Levántese Vd.*
Quel paresseux!	*Que perezoso!*
Il est déjà tard.	*Ya es tarde.*
Je me suis couché tard.	*Me he acostado tarde.*
Je ne me porte pas trop bien.	*No estoy muy bueno.*

Je n'ai pas fermé l'œil de la nuit.

No he pegado los ojos en toda la noche.

Je n'aime pas à me lever matin.

No soy amigo de madrugar.

Le matin, le lit me fait plaisir.

Por la mañana me sabe bien la cama.

Je vais me lever.

Voy á levantarme.

Garçon, ouvre ce rideau.

Muchacho, descorre esta cortina.

Avec votre permission, je vais m'habiller.

Con licencia de Vd. voy á vestirme.

Votre maître est-il levé?

Se ha levantado su amo de Vd?

Il se fait coiffer.

Se está peinando.

Monsieur n'est pas encore sorti de son appartement.

Aun no ha salido su merced.

Entrez, pour lui dire que je suis ici.

Entrele Vd. el recado que estoy aquí.

Il est encore au lit.

Aun está en la cama.

Monsieur n'est pas encore levé.

No está levantado el amo.

A quelle heure est-il jour chez Madame?

A que hora suele levantarse la Señora?

Je ne saurai vous le dire.

No puedo decírselo á Vd.

Je reviendrai à midi.

A las doce daré la vuelta.

Dites à votre maître que je suis venu pour avoir l'honneur de lui parler.

Diga Vd. á su amo que he estado aquí para hablarle.

Si vous voulez attendre un

Si Vd. quiere aguardarse

instant, il ne peut tarder à se lever. — *un poco, no puede tardar en levantarse.*

Je ne puis pas. — *No puedo.*

QUATRIÈME DIALOGUE.

De l'heure.

Quelle heure avez-vous? — *Que hora trae Vd?*

Regardez votre montre. — *Mire Vd. su reloj.*

Elle ne va pas. — *No anda.*

Voyons la vôtre. — *A ver el de Vd.*

Elle ne va pas bien non plus. — *Tampoco va bien.*

Elle avance. — *Se adelanta.*

Elle retarde. — *Se atrasa.*

Ma montre est dérangée. — *Mi reloj está descompuesto.*

Il y a dedans quelque chose de cassé. — *Tiene dentro alguna cosa rota.*

Savez-vous l'heure qu'il est? — *Sabe Vd. que hora es?*

Il est une heure. — *Es la una.*

Il est une heure et un quart. — *Es la una y cuarto.*

Il n'est qu'une heure et demie. — *No es mas que la una y media.*

Il est deux heures moins un quart. — *Son las dos menos cuarto.*

Bientôt deux heures.

Las dos están al caer.

Trois heures vont sonner.

Van á dar las tres.

Il est près de quatre heures.

Son cerca de las cuatro.

Cinq heures viennent de sonner.

Acaban de dar las cinco.

Il est environ six heures.

Son las seis poco mas ó menos.

Il s'en faut de quelques minutes.

Faltan algunos minutos.

Il est sept heures sonnées.

Son las siete dadas.

Il est huit heures passées.

Son las ocho muy dadas.

Il est plus de neuf heures.

Son mas de las nueve.

Il est dix heures précises.

Son las diez en punto.

Onze heures sonnent.

Las once están dando.

Il est midi ; il est minuit.

Son las doce.

L'heure va sonner.

La hora va á dar.

Trois heures sont sonnées.

Han dado las tres.

On n'entend ici aucune horloge.

Aquí no se oye ningun reloj.

Je n'ai pas entendu sonner l'heure.

No he oido dar la hora.

Quelle est l'heure qui sonne ?

Que hora está dando?

C'est minuit.

La doce.

Comme le temps passe !

Como se pasa el tiempo !

Il est temps de se retirer.

Ya es hora de recogerse.

CINQUIÈME DIALOGUE.

Du temps.

Quel temps fait-il ?	*Que tiempo hace?*
Il fait beau temps.	*Hace buen tiempo.*
Il fait mauvais temps.	*Hace mal tiempo.*
Il y a apparence de beau temps.	*Hay apariencia de buen tiempo.*
Nous aurons aujourd'hui une belle journée.	*Hoy tendremos buen dia.*
Le temps est couvert.	*Está nublado.*
Nous avons besoin de beau temps.	*Necesitamos buen tiempo.*
La campagne a besoin d'eau.	*El campo quiere agua.*
Le temps se couvre.	*Se ha nublado el tiempo.*
Il y a du brouillard.	*Hay niebla.*
Il pleut, il ne pleut pas.	*Llueve, no llueve.*
Il va pleuvoir.	*Está para llover.*
Il pleuvra toute la journée.	*Lloverá todo el dia.*
Le temps y est disposé.	*El tiempo está para eso.*
C'est un nuage.	*Es una nube.*
Il pleut à verse.	*Llueve á cántaros.*
Mettons-nous à l'abri.	*Pongámonos al abrigo.*
Restez ici jusqu'à ce que la pluie passe.	*Quédese Vd. aqui hasta que pase el agua.*
Ce sera bientôt passé, c'est une averse.	*Pronto pasará, es un chaparron.*

Je suis tout mouillé.	*Estoy todo mojado.*
Je suis trempé comme une soupe.	*Estoy hecho una sopa.*
Mon habit est perdu.	*Se me ha echado á perder la casaca.*
Ce n'est rien.	*No es nada.*
L'eau ne tache point sur cette couleur.	*No mancha el agua en este color.*
Il neige, il tombe de la neige.	*Está nevando.*
Il grêle, il tombe de la grêle.	*Graniza, cae granizo.*
La neige se fond.	*La nieve se deshace.*
Il gèle.	*Está helando.*
Il dégèle.	*Está deshelando.*
Il a gelé blanc cette nuit.	*Ha caido una helada esta noche.*
Les matinées sont froides.	*Las mañanas son frias.*
La rivière est prise.	*Está helado el rio.*
Il fait du soleil.	*Hace sol.*
Il fait du vent.	*Hace aire.*
Il fait chaud.	*Hace calor.*
Il fait un temps étouffant.	*Hace bochorno.*
Je ne puis supporter cette chaleur.	*No puedo aguantar el calor que hace.*
Je meurs de chaud.	*Me muero de calor.*
Je sue.	*Estoy sudando.*
Je suis tout en eau.	*Estoy hecho un agua.*
Allons nous baigner.	*Vamos á bañarnos.*
Savez-vous nager?	*Sabe Vd. nadar?*

Il tonne.	*Truena.*
Il fait des éclairs.	*Relampaguea.*
Regardez les éclairs.	*Mire Vd. los relámpagos.*
J'ai peur du tonnerre.	*Tengo miedo á los truenos.*
Le tonnerre est tombé.	*Ha caido un rayo.*
Le temps se remet.	*Se asienta el tiempo.*
Nous aurons encore de l'eau.	*Todavía tendremos agua.*
N'en croyez rien.	*No lo crea Vd.*
Regardez la girouette.	*Mire Vd. la veleta.*
Le vent est changé.	*Se ha mudado el aire.*
Il est jour.	*Es de dia.*
Il est nuit.	*Es de noche.*
Il commence déjà à faire jour.	*Amanece ya.*
Il commence déjà à faire nuit.	*Ya anochece.*
Le soleil se lève.	*El sol sale.*
Le soleil se couche.	*El sol se pone.*
Le ciel est étoilé.	*El cielo está estrellado.*
Il fait clair de lune.	*Hace luna.*

SIXIÈME DIALOGUE.

Pour demander une adresse.

Savez-vous où demeure M. Donati ?	*Sabe Vd. donde vive e Señor Donati?*
En tournant la rue, la	*Al volver la calle, la pri-*

première porte, au premier. — mera puerta, cuarto principal.

Il n'est pas à la maison. — No está en casa.

Par où va-t-on au Palais? — Por donde se va á Palacio?

Vous vous êtes trompé de chemin. — Vd. está equivocado.

Enseignez-moi le chemin de..... — Enséñeme Vd. el camino de.....

Je suis nouvellement arrivé. — Soy recien venido.

Prenez par la rue de..... et la seconde à main gauche, toujours tout droit. — Eche Vd. por la calle de.. y la segunda á mano izquierda, todo seguido.

Il n'y a pas à se tromper. — No hay donde errar.

Je voudrais y aller les yeux bandés. — Yo iria con los ojos vendados.

Voulez-vous que je vous accompage? — Quiere Vd. que le acompañe?

Vous me ferez beaucoup de plaisir. — Me hará Vd. mucho favor.

Passez le premier. — Pase Vd. primero.

Allons, Monsieur, point de complimens. — Vamos, Señor, sin cumplimiento.

Je ne fais point de façons. — Yo no gasto cumplimientos.

Les rues sont fort sales. — Las calles están muy puercas.

Il y a beaucoup de boue. — Hay mucho lodo.

Ce garçon-là m'a éclaboussé — Me ha salpicado este mu-

depuis les pieds jusqu'à la tête.

chacho de los piés á la cabeza.

Il faut aller sur la pointe du pied.

Es menester andar de puntillas.

J'ai glissé.

Yo he resbalado.

J'ai pensé tomber. Peu s'en est fallu que je ne sois tombé.

Por poco me caigo.

Prenez garde de tomber.

Cuidado no caer.

Vous êtes dans votre chemin.

Ya está Vd. en su camino.

Votre serviteur.

Beso á Vd. la mano.

Je vous suis bien redevable.

Agradezco el favor de Vd.

Je vous remercie de la peine.

Doy á Vd. las gracias.

Votre serviteur de tout mon cœur.

Reconózcame Vd. por su servidor.

SEPTIÈME DIALOGUE.

Des nouvelles.

Savez-vous quelques nouvelles?

Sabe Vd. algunas noticias?

Quelles nouvelles y a-t-il?

Que noticias hay?

Que dit-on de nouveau?

Que se dice de nuevo?

Ne savez-vous aucune nouvelle?

No sabe Vd. ninguna noticia?

J'apporte de bonnes nouvelles.	*Traigo noticias muy buenas.*
Que dit-on à Madrid? que dit-on en ville?	*Que se dice en Madrid? en la ciudad?*
Il n'y a rien de nouveau.	*No se suena nada de nuevo.*
Avez-vous lu la Gazette?	*Ha leido Vd. la Gaceta?*
Elle ne dit rien de remarquable.	*No trae nada especial.*
L'article de Paris parle d'une épidémie qui fait beaucoup de ravages.	*El articulo de Paris habla de una epidemia que hace mucho estrago.*
Où?	*En donde?*
Je ne me souviens pas bien où.	*No me acuerdo bien adonde es.*
On parle de guerre.	*Se habla de guerra.*
Les Turcs ont mis les Russes en déroute.	*Los Turcos han derrotado á los Rusos.*
Dites tout le contraire, et vous direz vrai.	*Diga Vd. lo contrario, y dirá bien.*
Le bruit court que ce sont les Turcs qui ont eu le dessous.	*Corre la voz que al reves los Turcos han sido vencidos.*
Je l'ai entendu dire, mais je ne le crois pas.	*He oido decir que sí, pere creo que no.*
Il y a eu de part et d'autre beaucoup de monde de tué.	*De una parte y otra ha habido mucha gente muerta.*
Cela demande confirmation.	*Eso necesita confirmacion.*
Ce n'a pas été une affaire	*No ha sido funcion general,*

générale, mais seulement un détachement avec un autre.

sino de un destacamento con otro.

Au contraire, on dit que l'affaire a été terrible.

Antes bien dicen que la funcion ha sido terrible.

Messieurs, parlons d'autre chose : vous saurez que madame N. se marie.

Hablemos de otra cosa, Señores : sabrán Vds. como Doña N. se casa.

Avec qui ?

Con quien ?

Avec monsieur de N.

Con el Señor de N.

Holà ! c'est un bon mariage.

Hola ! es buen casamiento.

Sa sœur s'est mariée aussi.

Su hermana tambien se ha casado.

Qui a-t-elle épousé ?

Y quien es el novio ?

Un marchand très riche.

Un mercader muy rico.

Qu'a-t-elle eu pour dot ?

Cual ha sido el dote ?

Quatre cent mille réaux.

Cuatrocientos mil reales

C'est beaucoup d'argent.

Es un dineral.

Le mari le mérite, c'est un galant homme.

Lo merece el marido, es un hombre de bien.

La jeune personne aussi est fort bien élevée.

Pues la machacha tambien está muy bien criada.

Elle fera une fort bonne ménagère.

Ella será muy muger de su casa.

La mère ne lui passait rien.

La madre no le consentia nada.

Sa fille lui en saura bon gré quelque jour.

Su hija se lo agradecerá algun dia.

Le bien le plus sûr que puissent nous laisser nos pa-

La hacienda mas segura que pueden dejarnos nuestros

rens, c'est une bonne éducation.	padres, es una buena crianza.
Mesdames, vous ne savez pas que M. N. est mort.	Señoras, Vds. no saben como ha muerto Don N.
C'est donc pourquoi j'ai vu son neveu en deuil.	Por eso he visto al sobrino de luto.
Il lui aura sans doute laissé quelque chose.	Es regular que le haya dejado algo.
Son oncle l'aimait beaucoup.	El tio le queria mucho.
On dit qu'il le laisse fort à son aise.	Dicen que le deja muy bien acomodado.
C'est un garçon qui a du talent.	El muchacho tiene talento.
Le comte de…. lui veut beaucoup de bien.	Le ampara mucho el conde de….
On dit qu'il lui a obtenu un fort bon emploi.	Dicen que le ha logrado un empleo muy bueno.
S'il sait le ménager, il lui obtiendra tout ce qu'il voudra.	Si sabe complacerle, le logrará cuanto quiera.
Laissez-le faire, il saura bien tirer son épingle du jeu.	Déjele Vd., que bien sabrá manejarse.
Que veut ce domestique?	Que quiere este criado?
Monsieur, c'est M. Étienne.	Señor, el Señor Don Estéban está aqui.
Dis-lui qu'il me fasse l'honneur d'entrer.	Dile que pase adelante.
Mon cher M. Étienne, il y	Amigo Don Estéban, hace

a un siècle que nous ne vous avons pas vu par ici.

un siglo que no le hemos visto á Vd. por aquí.

Messieurs, je suis charmé de vous voir en bonne santé.

Caballeros, me alegro de ver á Vds. buenos.

J'arrive à présent de Madrid.

Ahora llego de Madrid.

Que dites-vous de cette capitale?

Que dice Vd. de aquella capital?

Elle est toute autre que vous ne l'avez vue.

Es muy otra de lo que Vd. la ha visto.

HUITIÈME DIALOGUE.

Pour prendre congé.

Je viens vous dire adieu.

Vengo á despedirme de Vd.

Asseyez-vous.

Siéntese Vd.

Apporte un siége à Monsieur.

Trae un asiento al Señor.

Prenez un siége, une chaise.

Tome Vd. asiento.

En vérité je ne saurais.

En verdad no puedo.

Je suis pressé.

Tengo prisa.

J'ai affaire.

Tengo que hacer.

Je reviens sur-le-champ.

Vuelvo luego.

Adieu, Monsieur.

Vaya Vd. con Dios.

Je ne vous dis pas adieu.

No me despido de Vd.

Nous nous reverrons tan-tôt.	*Nos volveremos á ver á la tarde.*
Beaucoup de complimens à....	*Muchas memorias á.....*
Je n'y manquerai pas.	*Quedará Vd. servido.*
J'aurai l'honneur, demain, d'aller lui faire une visite.	*Iré mañana á hacerle una visita.*
Vous lui ferez plaisir.	*Lo estimará mucho.*
Votre très humble.	*Beso á Vd. la mano.*
Jusqu'au revoir.	*Hasta mas ver.*
Adieu, adieu.	*A Dios, á Dios.*
Jusqu'à demain.	*Hasta mañana.*
Quand vous voudrez.	*Cuando Vd. guste.*
Je vous souhaite bien le bonsoir.	*Buenas noches tenga d.*
Bonsoir, Monsieur.	*Téngalas Vd. muy felices.*

NEUVIEME DIALOGUE.

Sur l'étude de la langue espagnole.

Parlez-vous espagnol?	*Habla Vd. español?*
Je le parle un peu.	*Lo hablo un poco.*
Je ne sais presque rien.	*No sé casi nada.*
J'ai la tête fort dure.	*Soy muy rudo.*
Comment appelle-t-on cela en espagnol?	*Como se llama eso en es-pañol?*
Très bien.	*Muy bien.*

Vous êtes déjà bien instruit.	*Ya está Vd. muy impuesto.*
Prononcé-je bien ?	*Pronuncio bien ?*
Vous avez la prononciation fort bonne.	*Vd. tiene una muy buena pronunciacion.*
Je ne puis pas attraper le son du *J* et du *Z*.	*No puedo acertar con el sonido de la* J *y de la* Z.
Il faut les entendre de vive voix.	*Es menester oirlas de la viva voz.*
Prenez-vous leçon d'espagnol?	*Está Vd. dando leccion de español?*
Oui, Monsieur.	*Si Señor.*
Combien y a-t-il de temps que vous prenez leçon?	*Cuanto tiempo ha que da Vd. leccion ?*
Environ six mois.	*Algunos seis meses.*
Vous parlez fort bien.	*Vd. habla muy bien.*
C'est un effet de votre politesse.	*Es favor que Vd. me hace.*
Je ne fais que commencer.	*No hago mas que empezar.*
Il ne faut pas se décourager.	*No debe Vd. desanimarse.*
Tous les commencemens sont difficiles.	*Todos los principios son dificiles.*
Quel livre lisez-vous?	*Que libro lee Vd.?*
Les Nouvelles de Cervantes.	*Las Novelas de Cervantes.*
Que dites-vous du style?	*Que dice Vd. del estilo?*
Il est charmant.	*Es muy gracioso.*
Entendez-vous bien ce que vous lisez?	*Entiende Vd. bien lo que lee?*

Je commence déjâ à tra-
duire passablement.

Votre frère parle-t-il espagnol?

Il le parle assez pour se
faire entendre.

Il l'écorche un peu.

Le plus difficile consiste à
bien saisir la propriété des
termes.

C'est l'affaire de beaucoup
de temps.

Il faut faire une attention
particulière au génie des
langues.

Cela est vrai.

Sans cette étude on ne
manquerait pas de dire les
plus grandes sottises.

Oui, Monsieur, quand bien
même on saurait parfaite-
ment les règles de la Grammaire.

Et pourquoi?

Parce qu'il y a certaines
façons de parler propres à
une langue, et qui sortent
des règles de la Grammaire.

Elles perdent ordinaire-

*Ya empiezo á traducir tal
cual.*

*Habla español su hermano
de Vd?*

*Le habla bastante para
darse á entender.*

Lo chapurrea un poco.

*Lo mas dificil consiste en
acertar la propiedad de las
voces.*

Es obra de mucho tiempo.

*Es menester hacerse cargo
del genio de las lenguas.*

Verdad es.

*Sin este estudio no dejaria
uno de decir los mayores dis-
parates.*

*Sí, Señor, aunque se su-
piesen bien las reglas de la
Gramática.*

Y por que?

*Porque hay ciertos modos
de hablar peculiares de una
lengua, que salen de las reglas de la Gramática.*

Regularmente pierden su

ment leur énergie en passant d'une langue à une autre.	energía pasando de un idioma á otro.
J'ai remarqué que les maîtres ne font pas assez d'attention à cette partie de leurs leçons.	Yo he reparado que los Maestros no atienden bastante á este ramo de su enseñanza.
Mon cher, vous m'intimidez.	Amigo, Vd. me acobarda.
Je n'oserai pas à présent dire deux mots d'espagnol.	Ahora no me atreveré á decir dos palabras de español.
Non, Monsieur, non; il faut s'essayer tout doucement.	No, Señor, no; es menester ensayarse poco á poco.
Je tâche, autant que je peux, d'entendre les Espagnols quand ils parlent entre eux.	Yo procuro, cuanto puedo, oir á los Españoles cuando hablan entre sí.
Voici votre maître.	Aqui tiene Vd. al Maestro.
Monsieur, soyez le bien venu.	Señor Maestro, sea Vd. bien venido.
Je n'ai pas étudié.	Yo no he estudiado.
Monsieur, c'est tous les jours la même chose.	Todos los dias sale Vd. con esto, Señor.
On n'apprend pas sans étudier.	Sin estudiar no se aprende.
N'est-ce pas, Monsieur?	No es verdad, Señor?
Allons, allons, ne vous fâchez pas, j'étudierai désormais plus que personne.	Vaya, vaya, no se enfade Vd., de aqui en adelante estudiaré mas que nadie.
Nous le laisserons aujourd'hui.	Hoy lo dejaremos.

Pourquoi, Monsieur? je veux voir comment vous prenez leçon.	*Por que, Caballero? vamos que yo quiero ver como da Vd. leccion.*
Nous lirons un peu.	*Leeremos un poco.*
Monsieur le Maître, regardez le cahier de la construction.	*Señor Maestro, mire Vd. el cuaderno de la construccion.*
Comment le trouvez-vous?	*Que tal está?*
Vous avez manqué à...	*Vd. ha faltado en.....*
Voulez-vous conjuguer un verbe?	*Quiere d. conjugar un verbo?*
Comme il vous plaira.	*Como Vd. guste.*
Dites-moi le verbe *saber.*	*Digame Vd. el verbo saber.*
Holà! vous me choisissez le plus irrégulier.	*Hola! me escoge Vd. el mas irregular.*
Pour bien parler une langue, il n'y a rien de tel que de savoir bien la conjugaison.	*Para hablar bien una lengua, no hay cosa como saber bien la conjugacion.*
Je vous dirai fort bien les temps suivis, première, seconde et troisième personne.	*Yo diré muy bien los tiempos seguidos, primera, segunda y tercera persona.*
Non, dites tout d'un coup une personne seule.	*No Señor, diga Vd. de repente una persona suelta.*
Cela me coûte beaucoup de travail.	*Eso me cuesta mucho trabajo.*
Cependant cela est nécessaire pour parler sans s'arrêter.	*Sin embargo, eso es menester para hablar sin pararse.*
Si vous vouliez dire: *il porte, il portait, il porta, etc.*	*Si quisiera Vd. decir: él lleva, él llevaba, el llevó, etc*

vous auriez besoin de conjuguer tout un temps jusqu'à
la troisième personne.

necesitaria Vd. ir conjugando
todo un tiempo hasta la ter-
cera persona.

Voilà justement ce que je
ne veux pas.

Eso es lo que yo no quiero.

Voyons, lisez.

A ver, lea Vd.

Je ne vous entends pas.

No le entiendo á Vd.

Redites cela.

Vuelva Vd. á decir eso.

Relisez cela, lisez cela une
autre fois.

Lea Vd. eso otra vez.

Faites attention à....

Atienda Vd. á....

Traduisez ce que vous
avez lu.

Traduzca Vd. lo que ha
leido.

Ne vous éloignez pas à
présent du séns littéral.

No se aparte Vd. ahora del
sentido literal.

La première fois qu'on traduit ce qu'on a lu, il suffit
d'en faire seulement la version.

La primera vez que se tra-
duce lo que se ha leido, solo
se debe hacer la version.

Je vous entends.

Le comprehendo á Vd.

A la seconde vous donne-
rez à votre traduction toute
l'énergie qu'elle doit avoir.

A la segunda vez dará Vd.
á su traduccion toda la ener-
gía que debe tener.

Que veut dire ce mot-là?

Que significa esta voz?

Ne vous en souvenez-vous
pas?

No se acuerda Vd?

Cherchez-le dans le Dic-
tionnaire.

Búsquela Vd. en el Voca-
bulario.

Je l'avais oublié.

Se me habia pasado por
alto.

Monsieur le Maître, je voudrais prendre leçon de vous.	*Señor Maestro, yo quisiera dar leccion con Vd.*
Quand vous voudrez.	*Cuando Vd. guste.*
J'ai déjà quelques commencemens.	*Tengo ya algunos principios.*
Mais je voudrais continuer jusqu'à ce que je susse parfaitement.	*Pero yo quisiera continuar hasta perfeccionarme.*
Je tâche de parler couramment, et je ne puis y parvenir.	*Yo procuro hablar de repente, y no puedo.*
Il faut prendre patience, cela viendra par l'usage.	*Eso vendrá con la práctica, tenga Vd. paciencia.*
Continuez toujours à parler beaucoup.	*Prosiga Vd. siempre hablando mucho.*
Les termes me manquent.	*Me faltan los términos.*
Il faut s'en faire un bon fonds.	*Es menester hacerse un caudal de ellos.*
Apprenez tous ceux qui sont dans la première addition de ce livre.	*Aprenda Vd. todos los que están en la Adicion primera de este libro.*
J'ai peur de dire des sottises.	*Tengo miedo de decir disparates.*
Dans les commencemens il faut s'y résoudre.	*En los principios es menester resolverse á ello.*
Parlez toujours sans avoir peur.	*Hable Vd. siempre sin temor.*
On se moquera de moi.	*Se burlarán de mi.*
Ne vous embarrassez pas,	*Déjese Vd. de eso, que*

le temps viendra que vous aurez votre revanche.	*vendrá el tiempo qne podrá Vd. desquitarse.*

DIXIÈME DIALOGUE.

Pour dîner.

Allons diner.	*Vamos á comer.*
Le diner est prêt.	*La comida está pronta.*
La soupe est sur la table.	*La sopa está en la mesa.*
Mettez-vous à table.	*Siéntese Vd. á la mesa.*
Près de moi.	*Junto á mí.*
Servez Madame.	*Sirva Vd. á la Señora.*
Aimez-vous la soupe ?	*Gusta Vd. de sopa ?*
Dites-moi votre goût.	*Dígame Vd. su gusto.*
Voulez-vous du gras ou du maigre ?	*Quiere Vd. de lo gordo ó de lo magro.*
Ce que vous voudrez.	*Lo que Vd. quiera.*
Je mange de tout.	*De todo como.*
Coupez du pain.	*Parta Vd. pan.*
Donnez-moi du pain français.	*Deme Vd. pan frances.*
En voici.	*Aqui está.*
Tenez.	*Tome Vd.*
Découpez ce dindon.	*Trinche Vd. ese pavo.*
Madame, voulez-vous ce blanc ?	*Señora, quiere Vd. esta pechuga ?*
Que vous semble-t-il de cette perdrix ?	*Que dice Vd. de esta perdiz ?*

Elle est excellente.	*Es muy sabrosa.*
Elle est on ne peut pas plus tendre.	*Es muy tierna.*
Elle n'est pas des plus cuites.	*No está bien cocida.*
C'est à la française.	*Está á la francesa.*
Tout ce qu'on mange ici est grillé.	*Aqui todo lo comen asado.*
Voilà comme je l'aime.	*Así lo quiero yo.*
Ce qui est à moitié cuit me dégoûte.	*Lo medio cocido me da asco.*
Garçon, apporte-moi à boire.	*Muchacho tráeme de beber.*
Buvez un petit coup.	*Eche Vd. un traguito.*
Je n'ai pas soif.	*Yo no tengo sed.*
Donnez-moi un verre de vin.	*Déme Vd. un vaso de vino.*
Goûtez ce vin-ci.	*Pruebe Vd. de este.*
Qu'en dites-vous?	*Que tal?*
Il est bon.	*Es bueno.*
On dirait du vin de liqueur.	*Parece vino generoso.*
Goûtez celui-là.	*Pruebe Vd. de aquel.*
D'où est-il?	*De donde es?*
C'est du Champagne, c'est du vin d'Espagne.	*De Champaña, de España.*
C'est du vin vieux.	*Es vino añejo.*
J'ai l'honneur de boire à votre santé.	*Brindo á la salud de Vd.*

Vous me faites beaucoup d'honneur.

Me honra Vd. mucho.

J'ai assez mangé.

He comido bastante.

Je n'en veux pas davantage.

No quiero mas.

Allons , encore ce petit morceau.

Vamos, aun este pedacito.

Bien obligé, c'est fini.

Lo estimo, ya se acabó.

Je vais faire la sieste.

Voy á dormir la siesta.

Que voulez-vous pour déjeûner?

Que quiere Vd. almorzar?

Voulez-vous du chocolat? du café?

Quiere Vd. chocolate? café?

Tout cela n'est que de l'eau chaude.

Todo eso es agua caliente.

Le matin, j'aime à graisser le couteau.

Yo soy amigo por la mañana de echar un trago y comer una tajada.

Restez à dîner ici.

Quédese Vd. aquí á comer.

Vous ferez pénitence avec nous.

Vd. hará penitencia con nosotros.

Non, Monsieur, c'est tout le contraire.

No, Señor, que es al contrario.

On fait toujours bonne chère chez vous.

En su casa de Vd. siempre se come bien.

ONZIÈME DIALOGUE.

Pour la promenade.

Allons prendre l'air.	*Vamos á tomar el aire.*
Allons faire un tour.	*Vamos á dar una vuelta.*
Je vais faire un petit tour.	*Voy á dar una vueltecita.*
Je vais faire un tour de promenade.	*Voy á dar un paseo.*
Allons nous promener au soleil.	*Vamos á tomar el sol.*
Voulez-vous venir avec moi?	*Quiere Vd. venir conmigo?*
Il fait trop chaud.	*Hace demasiado calor.*
Attendons que la chaleur soit passée.	*Aguardemos que haya pasado el calor.*
Où irons-nous?	*A donde iremos?*
Allons au *Prado.*	*Vamos al* Prado.
J'ai un rendez-vous sur le chemin du *Pardo.*	*Estoy citado al camino del* Pardo.
Comment voulez-vous que nous allions?	*Como quiere Vd. que vayamos?*
En carrosse, ou à pied?	*En coche, ó á pié?*
A pied, à pied: cela est bon pour la santé.	*A pié, á pié; que es bueno para la salud.*
Vous avez raison, parce qu'en marchant on gagne de l'appétit.	*Dice Vd. bien, porque caminando se hacen ganas de comer.*

Passons par ce pré-ci.

Pasémos por este prado.

J'aime à marcher sur l'herbe.

Me gusta pisar la yerba.

Que la campagne est belle!

Que bello está el campo!

Que les arbres sont touf-fus !

Que frondosos están los árboles!

Cet endroit-ci est char-mant pour étudier.

Este parage seria bueno para estudiar.

Regardez, cette allée fait une belle perspective.

Mire Vd. esta calle hace una perspectiva hermosa.

Asseyons nous à l'ombre.

Sentémonos á la sombra.

Allons nous asseoir sous ce berceau.

Vamos á sentarnós debajo de este emparrado.

Respirez le parfum de ces fleurs.

Huela Vd. el perfume de estas flores.

Cueillez-m'en une.

Cójame Vd. una.

Faisons un bouquet.

Hagamos un ramillete.

Allons du côté de la cam-pagne.

Vamos hacia el campo.

Il semble que le blé pousse déjà.

Parece que ya sale el trigo.

Entendez-vous le gazouil-lement des oiseaux?

Oye Vd. el gorgeo de los pájaros?

Quel plaisir! quel charme!

Que gusto! que encanto!

La campagne a pour moi mille attraits.

Mucho me gusta el campo.

DOUZIÈME DIALOGUE.

Pour voyager.

Où allez-vous ?	*A donde va Vd?*
Je vais à Cadix.	*Voy á Cádiz.*
Quand partez-vous?	*Cuando se va Vd?*
Aussitôt que j'aurai fini une affaire que j'ai ici.	*En acabando una diligencia que tengo aqui.*
Avez-vous déjà arrêté un carrosse?	*Tiene Vd. ya coche ajustado?*
Oui, Monsieur, et à assez bon marché.	*Sí, Señor, y bastante barato.*
Plût à Dieu qu'il y eût une place pour moi !	*Ojalá hubiese un asiento para mí!*
Comment, s'il y en a une! vous pouvez y compter dès à présent.	*Como, si le hay! desde luego cuente Vd. con él.*
Vous me ferez beaucoup de plaisir en me faisant compagnie.	*Me hará Vd. mucho favor en acompañarme.*
Avez-vous beaucoup d'effets?	*Tiene d. mucha ropa?*
Deux coffres et une valise.	*Dos baules y una maleta.*
Vous pouvez tout préparer pour demain.	*Puede Vd. prepararlo todo para mañana.*
Nous partirons à la fraîcheur.	*Saldremos á la fresca.*

J'ai déjà pris congé de tous mes amis.	*Ya me he despedido de todos los amigos.*
Où allons-nous coucher la première journée?	*A donde vamos á hacer noche el primer dia?*
A Ocaña.	*A Ocáña.*
C'est une journée ordinaire.	*Es jornada regular.*
Le chemin est aussi uni que cette chambre.	*El camino es tan llano como este cuarto.*
Mais on dit que dans la Sierra-Morena il y a de très mauvais chemins.	*Pero en Sierra Morena dicen que hay muy malos caminos.*
Cela n'est plus à présent.	*Ahora ya no.*
On y a fait de nouveaux chemins par ordre du roi notre souverain.	*Se han hecho caminos nuevos por órden del Rey nuestro Señor.*
Ajoutez à cela, que la grande quantité de gens qui l'habitent, l'ont rendue le meilleur endroit qu'on trouve dans toute la route.	*Añádase á esto, que la abundancia de gentes que la habitan la ha hecho el parage mejor que se encuentra en toda la carrera.*
Dans quelle auberge nous arrêterons-nous?	*En que posada pararemos?*
Dans celle du Soleil ; c'est la meilleure.	*En la del Sol, que es mejor que ninguna.*
Bonne ou mauvaise, je ne m'en soucie guère, parce que j'ai mes provisions.	*Buena ó mala, no se me da nada, porque tengo mis provisiones.*
Nous achèterons une couple de perdrix pour ce soir,	*Compraremos un par de perdices para la noche, por*

parce que nous ne trouverons rien pour souper où nous allons.

que donde vamos no encontraremos que cenar.

Je suis fatigué ; je suis las.

Estoy muy cansado.

Le carrosse me fatigue beaucoup.

El coche me fatiga mucho.

Cocher, arrêtez ; nous descendrons ici.

Cochero, párate ; aqui nos apearemos.

TREIZIÈME DIALOGUE.

Avec un Tailleur.

Pouvez-vous me faire un habit ?

Puede Vd. hacerme un vestido ?

Monsieur, je veux me faire faire un habit.

Señor Maestro, quiero hacerme un vestido.

Prenez-moi mesure.

Tómeme Vd. la medida.

De quel drap le voulez-vous ?

De que paño le quiere Vd ?

D'une étoffe qui soit de saison.

De un género que sea del tiempo.

De ces nouvelles étoffes qui viennent à présent de France ?

De estos nuevos que traen ahora de Francia ?

Avez-vous des échantillons ?

Tiene d. muestras ?

Choisissez dans ceux-ci.

Escoja Vd. en estas.

Combien me faut-il d'au-

Cuantas varas necesito pa-

nes pour habit, veste et cu-
lote?

    Six aunes.

    C'est trop.

    De quel prix prendrons-
nous le drap ?

    De cent réaux, de la ma-
nufacture de San Fernando.

    Avez-vous de galons?

    J'en ai ici quelques uns à
la dernière mode.

    De quoi faut-il doubler
l'habit ?

    De quelque chose de durée.

    Je m'en rapporte à vous.

    Faites-moi un habit qui
m'aille bien.

    Vous serez satisfait.

    Quand m'apporterez-vous
mon habit?

    Le plutôt possible, Mon-
sieur.

    Quel habit m'apportez-
vous?

    Voulez-vous l'essayer?

    Il est trop long, trop large,
trop court, etc.

    Il me va comme un sac.

---

ra casaca, chupa y calzon ?

    Seis varas.

    Es demasiado.

    De que precio tomaremos
el paño ?

    De á cien reales, de la fá-
brica de San Fernando.

    Tiene Vd. galones?

    Aqui tengo unos de la úl-
tima moda.

    De que se ha de forrar el
vestido?

    De una cosa duradera.

    Me fio en Vd.

    Hágame Vd. un vestido
que me venga bien.

    Quedará Vd. contento.

    Cuando me traerá Vd. mi
vestido?

    Señor, cuanto antes.

    Que vestido me trae Vd?

    Quiere Vd. probárselo?

    Es demasiado largo, an-
cho, corto, etc.

    No me sienta bien, parece
un costal.

Vous avez gardé la moitié du drap.	*Vd. se ha quedado con la mitad del paño.*
Voyons le compte; voyons votre mémoire.	*A ver la cuenta.*
Tout est fort cher.	*Todo está muy caro.*
Vous ne travaillerez plus pour moi.	*No volverá Vd. á trabajar para mí.*
Je veux en rabattre la moitié.	*Quiero rebajar la mitad.*
Tout est fort en conscience.	*Todo está muy en conciencia.*
Façon, fil, boutons, etc., le tout monte à....	*Hechuras, hilo, botones, etc., todo sube á...*
Comment! la façon est très chère.	*Como ! la hechura es muy cara.*
Monsieur, à présent tout est cher.	*Señor, ahora todo está caro.*

QUATORZIÈME DIALOGUE.

Avec un Cordonnier.

Faites-moi une paire de souliers.	*Hágame Vd. un par de zapatos.*
Pour quand les voulez-vous ?	*Para cuando los quiere Vd ?*
Pour demain, parce que je vais nu-pieds.	*Para mañana, porque estoy descalzo.*
Voici vos souliers.	*Aquí tiene Vd. sus zapatos.*

Voulez-vous que je vous les chausse?

Quiere Vd. que yo se los calce?

Monsieur, les derniers ne valaient rien.

Maestro , los últimos no valian nada.

Ils ne m'ont pas duré quinze jours.

No me duraron quince dias.

Je veux la boucle plus haut.

Quiero la hebilla mas alta.

Les premiers, faites-les moi de peau de chèvre.

Los primeros hágamelos d. de cordoban.

Ce soulier me fait mal , me blesse.

Este zapato me hace mal.

Que ces souliers sont étroits!

Que estrechos son estos zapatos!

Votre pied n'y est pas encore entré.

Vd. no ha entrado todavía el pié.

Placez bien le chausse-pied.

Ponga Vd. bien el calzador

Frappez du pied contre le plancher.

Dé Vd. una patada en el suelo.

Ce soulier me va bien.

Me viene bien este zapato.

Il joint fort bien.

Está may bien ajustado.

Il me serre; il me gêne un peu.

Me aprieta un poco.

Il s'élargira dans peu de jours.

Se ensanchará á pocos dias.

Je ne puis rester dans ces souliers.

No puedo aguantar estos zapatos.

Je me remplirai de cors.

Me llenaré de callos.

Apportez-m'en d'autres qui ne me gênent pas.

Tráigame Vd. otros que no me aprieten.

QUINZIÈME DIALOGUE.

Pour envoyer une lettre.

C'est aujourd'hui jour de courrier.

Hoy es dia de correo.

J'ai une lettre à écrire.

Tengo que escribir una carta.

J'ai beaucoup de lettres à écrire aujourd'hui.

Tengo hoy un correo muy largo.

A qui écrivez-vous?

A quien escribe Vd?

Je vais faire réponse à...

Voy á responder á...

Le facteur a-t-il apporté les lettres?

Ha traido las cartas el cartero?

J'attendais une lettre de...

Yo esperaba una carta de...

Ce n'est pas celle-là.

No es esa.

Voyez si c'est celle-ci.

Vea Vd. si es esta.

C'est pour moi, mais je ne connais pas l'écriture.

Para mí es, pero no conozco la letra.

Cette lettre est arriérée.

Esta carta viene atrasada.

Elle sera restée à la poste.

Se habrá quedado en el correo.

Quel jour part le courrier de .....

Que dia marcha el correo de...

Les mêmes jours que celui de France.

Los mismos dias que el de Francia.

Avez-vous mis la date?	*Ha puesto Vd. la fecha.*
Cette lettre n'est pas datée.	*Esta carta no tiene fecha.*
Je n'ai pas signé.	*Yo no he firmado.*
Je ne puis lire cette signature.	*No puedo leer esta firma.*
Combien tenons-nous du mois?	*A cuantos estamos del mes?*
Le deux, le trois, le quatre, etc.	*A dos , á tres , á cuatro , etc.*
Pliez cette lettre.	*Doble Vd. esta carta.*
Mettez-y l'adresse.	*Ponga Vd. el sobrescrito.*
Comment fera-t-on tenir cette lettre?	*Como se dirigirá esta carta?*
Par la poste.	*Por el correo.*
Le courrier est-il arrivé?	*Ha llegado el correo ?*
On commence déjà à distribuer les lettres.	*Ya empiezan á dar cartas.*
Y a-t-il des lettres pour moi ?	*Hay cartas para mí?*
Allez porter ces lettres à la poste.	*Vaya Vd. á llevar estas cartas al correo.*

SEIZIÈME DIALOGUE.

De la Comédie.

On donne aujourd'hui une très bonne pièce.	*Hoy hacen una comedia muy buena.*

Quel titre a-t-elle? _

Que título tiene?

Le Cid Campeador.

El Cid Campeador.

Nous l'avons aussi en français.

Tambien está escrita en frances.

Je la vis hier.

Ayer la vi.

Et moi aussi.

Yo tambien.

Où étiez-vous?

En donde estaba Vd?

Au parterre.

En el patio.

Moi, j'étais au parquet.

Yo en la luneta.

J'ai cru que vous étiez dans quelque loge.

Discurrí que estaba Vd. en algun palco.

Que dites-vous du théàtre?

Que dice Vd. del teatro?

Celui de l'autre salle de spectacle me semble plus grand.

Me parece mayor el del otro coliseo.

Ici les décorations sont excellentes.

Las decoraciones aqui son muy primorosas.

Cette troupe a de bons acteurs.

Buenos papeles tiene esta compañia.

La soubrette est fort bonne.

La graciosa es muy buena.

Le valet est inimitable.

El gracioso es inimitable.

Celui qui fait les rôles à manteau a un jeu unique.

El barba representa de lo único que hay.

Que pensez-vous du jeune premier?

Que le parece á Vd. del primer galan?

Son jeu me plait infiniment.

Me gusta mucho su modo de representar.

Je suis un des partisans de l'actrice qui fait les premiers rôles.

Yo soy uno de los apasionados de la primera dama.

Vous avez raison ; la nature l'a douée de grands talens.

La musique est aussi supérieure.

Ce théâtre peut se vanter d'avoir un violon excellent.

Oui, monsieur, et l'on m'a assuré qu'il pouvait entrer en lice avec les plus fameux de l'Europe.

De quel pays est-il?

Il est Espagnol, et s'appelle C.

Vous l'entendrez jouer aujourd'hui.

Entrons, car il me paraît qu'il vient déjà beaucoup de monde.

Il est tard, la toile est déjà levée.

On donne demain un opéra-comique fort joli.

On l'a tiré de l'Italien, d'un opéra intitulé *la Serva Padrona.*

Avec votre permission, quelle est cette actrice qui s'est montrée à la coulisse ?

Tiene Vd. razon: la naturaleza la ha dotado de grandes talentos.

La música tambien es muy sobresaliente.

Este teatro puede vanagloriarse que tiene un violinista escelente.

Si Señor, y me han asegurado que puede entrar en concurrencia con los mas afamados de Europa.

De que nacion es ?

Es Español, y se llama B.

Hoy lo oirá Vd. tocar.

Entremos, porque parece que viene ya mucha gente.

Es tarde, han corrido ya el telon.

Mañana se representa una zarzuela muy bonita.

Se ha sacado del italiano, de la ópera titulada la Serva Padrona.

Con perdon de Vd. ¿quien es esa cómica que se ha asomado al bastidor ?

C'est celle qui fait les seconds rôles.	*Es la segunda dama.*
Elle a l'air bien jeune.	*Parece muy moza.*
Ne savez-vous pas que sur les planches ces dames jouissent d'un printemps éternel?	*No sabe Vd. que en las tablas gozan estas Señoras una primavera eterna.*
La comédie est finie.	*Se acabó la comedia.*
Le nouvel acteur m'a plu infiniment.	*Me ha gustado mucho el nuevo comediante.*
Son jeu est noble et naturel.	*Su modo de representar es noble y natural.*
Allons nous rafraîchir, car j'ai eu ici trop chaud.	*Vamos á refrescar, que aquí he tenido mucho calor.*

DIX-SEPTIÈME DIALOGUE.

Pour un échange.

Voulez-vous faire échange avec moi?	*Quiere Vd. hacer un cambio conmigo?*
Que voulez-vous changer?	*Que quiere Vd. trocar?*
Ce livre-ci.	*Este libro.*
Contre quoi?	*Con que?*
Contre le livre que vous me fîtes voir hier.	*Con el libro que Vd. me enseñó ayer.*
Non, Monsieur, non.	*No, Señor, no.*
Que me donnerez-vous de retour?	*Que me dará Vd. de vuelta?*
Au contraire, c'est vous qui devez m'en donner.	*Antes es Vd. el que me ha de volver.*

Combien voulez-vous?	*Quanto quiere Vd ?*
Six piastres.	*Seis pesos.*
Ce que le marchand dira.	*Lo que diga el mercader.*
Voulez-vous un doublon?	*Quiere Vd. un doblon ?*
Il vaut davantage.	*Mas vale.*
Il ne vaut pas tant.	*No vale tanto.*
Je n'en veux donner que ce que j'ai dit.	*No quiero dar mas de lo que he dicho.*
Vous vous moquez.	*Vd. se burla ?*
Vous ne voudriez pas que j'y perdisse.	*Vd. no querría que yo perdiese.*
J'en donne ce qu'il peut valoir.	*Doy lo que puede valer.*
Cela ne vaut que...	*Eso no vale mas que....*
Vous ne vous y connaissez pas.	*Vd. no entiende de eso.*
Je ne veux pas marchander, voyez si vous êtes content de...	*No quiero regatear, vea Vd. si se contenta con.....*
Il me coûte davantage.	*Mas me cuesta.*
A combien vous revient cette étoffe?	*A como le sale á Vd. este género ?*
Elle me coûte vingt réaux l'aune.	*Me cuesta á veinte reales la vara.*
C'est cher.	*Es caro.*
Ce n'est pas à bon marché.	*No es barato.*
On vous a trompé.	*Lo han engañado á Vd.*
Vous l'auriez eue à meilleur marché à la boutique de Perez.	*Mas barato lo hubiera Vd. comprado en la tienda de Perez.*

Là il y a un prix fixe, et l'on n'a pas coutume de surfaire.	*Allí tienen su precio fijo, y jamas piden mas que lo justo.*
Allons, voulez-vous faire le troc?	*Vamos, ¿quiere Vd. hacer el cambio?*
Volontiers.	*En hora buena.*
Mais troc pour troc; sans rien de retour.	*Pero alhaja por alhaja, sin vuelta ninguna.*
Je m'en garderais bien.	*Me guardaria muy bien.*
Je ne suis pas si bête.	*No soy tan tonto.*
Allons, je suis d'accord; je le veux bien.	*Vaya, me conformo.*
C'est une affaire faite.	*Ya es cosa hecha.*

DIX-HUITIÈME DIALOGUE.

Pour un voyage de mer.

L'air est bien frais; je crois que je me suis enrhumé.	*Muy fresco está el aire, temo haberme resfriado.*
Il faut avoir soin de bien vous couvrir; vous ne sauriez trop vous garantir de l'humidité.	*Abríguese Vd. bien y crea que ninguna precaucion está de mas para preservarse de la humedad.*
J'ai mal aux dents.	*Me duelen las muelas.*
Rincez-vous avec de l'eau-de-vie.	*Enjuáguese Vd. con aguardiente.*
Le vent est toujours contraire.	*El viento se mantiene contrario.*

Je crois. que nous allons avoir une tempête.

Temo que tengamos tempestad.

L'odeur du goudron me fait mal au cœur.

El olor de la brea me da nauseas.

J'ai le frisson, j'ai mal à la tête et aux reins, je me sens une envie continuelle de vomir.

Tengo calofrio, dolor de cabeza y de riñones; y me siento con continuas ansias de vomitar.

Le vent souffle très fort, la mer est bien agitée.

El viento ha arreciado y el mar está muy agitado.

Je suis si faible, que je vais être obligé de me coucher à plat ventre.

Tan débil estoy que me veré obligado á tenderme boca abajo.

La tempête ne durera pas long-temps ; le vent s'apaise.

La tempestad no durará mucho, porque va calmando el viento.

Je suis mieux que je n'étais tout à l'heure.

Me siento aliviado.

Le calme va achever de vous remettre.

En serenándose el tiempo se restablecerá Vd. del todo.

Quel spectacle magnifique que celui du soleil couchant, colorant de ses derniers feux la surface paisible de la mer !

Cuan magnifico es el espectáculo de ponerse el sol, cuando con la luz de sus últimos rayos va matizando la apacible superficie del Occeano !

N'est-ce pas la terre que nous voyons là-bas ?

No es la tierra lo que descubrimos allí á lo lejos ?

Je crois que oui.

Creo que sí.

Nous arriverons bientôt.

Pronto llegaremos.

A quelle heure arriverons-nous?

A que hora llegaremos ?

Je ne peux pas vous le dire, cela dépend du vent.

Eso depende del viento.

Dans combien de temps à peu près ?

Pero poco mas ó menos?

Si le vent continue à être favorable , nous arriverons dans deux heures.

Si el viento se mantiene favorable, llegaremos en unas dos horas.

L'entrée du port est-elle bonne ?

Es buena la entrada del puerto ?

Elle n'est bonne que pour les petits vaisseaux.

Solo para los pequeños buques.

Les grands vaisseaux ne peuvent entrer qu'avec la marée.

Los grandes no pueden entrar sino con la marea.

DIX-NEUVIÈME DIALOGUE.

De la chasse.

Il y a très long-temps que nous ne sommes pas allés à la chasse.

Hace muchisimo tiempo que no hemos ido á caza.

Profitons de la fraîcheur du matin pour aller visiter la forêt voisine.

Aprovechémonos del fresco de la mañana para ir á ver el monte vecino.

Avec plaisir ; la chasse est

Con mucho gusto; la caza

un des plus grands agrémens de la campagne.

Je crains beaucoup que nous ne rapportions pas grand'chose, car nous sommes l'un et l'autre d'assez mauvais chasseurs.

Peu importe, cet exercice nous donnera de l'appétit, et nous reviendrons pour l'heure du déjeûner.

Voici des fusils à deux coups, de la poudre et du plomb.

Emmenons le chien courant du garde-chasse.

Chargeons nos fusils ; nous avons oubiié de la bourre.

Y a-t-il beaucoup de gibier dans la forêt ?

Il y avait beaucoup de menu gibier, de bêtes noires et de bêtes fauves ; mais les braconniers ont presque tout détruit.

Tirez sur cette bande de perdrix.

Je n'ai rien tué, mon fusil a raté.

es uno de los mayores recreos del campo.

Me temo mucho que no volvamos muy cargados , porque ambos somos malos cazadores.

Nada importa, el egercicio nos abrirá las ganas de comer y volveremos á la hora del desayuno.

Aqui hay escopetas de dos tiros, pólvora y perdigones.

Llevemos el sabueso del guarda del coto.

Carguemos las escopetas; se nos han olvidado los tacos.

Hay mucha caza en el monte?

Había mucha caza menor, javalies y venados; pero han acabado casi con todo los cazadores furtivos.

Tire Vd. á esa bandada de perdices.

Nada he muerto, mi escopeta no ha dado fuego.

Voyez ce lièvre que le chien vient de faire-lever.

Vea Vd. esa liebre que acaba de echar el perro.

Je l'ajuste.

La apunto.

Vous ne l'avez pas manqué, vous l'avez étendu raide mort.

No la ha errado Vd., pues la ha dejado muerta en el sitio.

Vous êtes meilleur tireur que moi.

Es Vd. mejor tirador que yo.

VINGTIÈME DIALOGUE.

Du jeu de cartes.

Aimez-vous le jeu ?

Es Vd. amigo del juego ?

Jouez-vous quelquefois ?

Juega Vd. algunas veces ?

Je n'aime pas le jeu.

No soy amigo de jugar.

Je ne joue que pour passer le temps.

No me pongo á jugar, mas que para pasar el tiempo.

Le jeu est quelquefois un amusement dangereux.

El juego algunas veces es diversion peligrosa.

C'est vrai ; mais c'est quand on joue gros jeu.

Es verdad ; pero es cuando se juega á juego fuerte.

On ne permet ici que des jeux d'amis.

Aqui no se permite jugar sino juego de amigos.

Une bagatelle pour intéresser la partie.

Una friolera para interesar la partida.

A quel jeu voulez-vous que nous jouions?

A que juego quiere Vd. que juguemos?

Aux cartes.

A los naipes.

Aux dames.	*A las damas.*
Aux boules.	*A las bolas.*
Au billard.	*Al billar.*
Au billard à l'espagnole.	*A los trucos.*
Si vous voulez, nous ferons une partie aux cartes.	*Armaremos una partida á los naipes, si Vd. gusta.*
Comme il vous plaira.	*Como Vd. mande.*
Voulez-vous jouer à la manille?	*Quiere Vd. jugar á la malilla?*
Tout ce que vous voudrez.	*Todo lo que Vd. gustare.*
Garçon, donne-moi un jeu de cartes.	*Muchacho, saca una baraja.*
Voyons qui sera ensemble.	*Echemos compañeros.*
Les deux prèmiers rois seront ensemble.	*Los dos primeros reyes serán compañeros.*
Nous sommes ensemble, Monsieur Manuel et moi.	*Hemos caido los dos, el Señor Don Manuel y yo.*
A combien le point, ou le jeton ?	*A cuanto el tanto?*
Deux sous.	*A dos sueldos.*
C'est beaucoup.	*Es mucho.*
C'est à vous à faire.	*A Vd. le toca dar.*
Je suis premier.	*Soy mano.*
Le jeu est-il entier ?	*Está la baraja entera?*
Coupez, Madame.	*Alce Vd., Señora.*
Messieurs, je vous souhaite beaucoup de bonheur.	*Señores, tengan Vds. mucha fortuna.*
Quel est l'atout ?	*Que es triunfo?*
Le roi de trèfle.	*El rey de bastos.*
Marquez trois points.	*Señale Vd. tres tantos.*

Voilà un bon commencement.	*Eso es empezar bien.*
Quel mauvais jeu !	*Que juego tan malo tengo!*
Pas un atout !	*Ni un triunfo !*
Je ne ferai pas une levée.	*No haré una baza.*
Nous avons perdu si mon camarade ne me seconde pas.	*Hemos perdido, si no me ayuda mi compañero.*
A qui est-ce à jouer ?	*A quien toca jugar?*
C'est à Madame.	*A la Señora.*
C'est cela, voilà comme on joue.	*Esto es, asi se juega.*
Vous êtes maîtresse à ce jeu.	*Es Vd. maestra.*
L'as de cœur.	*El as de copas.*
Je coupe.	*Fallo.*
Je n'ai que d'une couleur.	*No tengo mas que un palo.*
Atout.	*Triunfo.*
Je n'en ai pas, j'en ai.	*No tengo, tengo.*
Vous n'avez pas fourni à carreau.	*Vd. no ha servido á oros.*
Nous avons une renonce.	*Tenemos renuncio.*
Examinez la levée.	*Mire Vd. bien la baza.*
Tout le monde a fourni excepté vous.	*Todos sirvieron menos Vd.*
C'est vrai, je ne l'avais pas vu.	*Es verdad, yo no lo habia visto.*
Mon cher, les cartes ne sont pas faites pour les aveugles.	*Amigo, el juego de naipes no es para ciegos.*
Je suis bien malheureux.	*Soy muy desgraciado.*

Je perds toujours.	*Siempre pierdo.*
Nous devons.	*Debemos.*
Refaites, rebattez.	*Vuelva Vd. á dar*
Cette fois-ci j'ai un grand jeu.	*Esta vez tengo gran juego.*
On ne parle pas en jouant.	*En el juego no se habla.*
Mon cher, vous ne savez pas jouer.	*Vd. no sabe jugar, amigo.*
Ne trichez pas.	*No haga Vd. trampas.*
Ne regardez pas mon jeu.	*No mire Vd. los naipes.*
Cachez votre jeu.	*Tape Vd. sus cartas.*
Faites attention aux cartes qui passent.	*Atienda Vd. á las cartas que salen.*
Nous avons gagné.	*Hemos ganado.*
Messieurs, nous sommes quittes.	*Señores, estamos en paz.*
Je ne veux pas jouer davantage.	*No quiero jugar mas.*
J'ai la tête échauffée.	*Tengo muy caliente la cabeza.*
Je m'échauffe trop en jouant.	*Yo me acaloro demasiado en el juego.*
Vous ne joueriez pas mal, si vous vouliez faire attention.	*Vd. no jugaria mal, si pusiera cuidado.*
Une autre fois nous jouerons davantage.	*Otra vez jugaremos mas.*
Il n'y a pas eu de perte.	*No ha habido pérdida.*
Cela vaut mieux.	*Mas vale así.*

TABLE

DU COURS DE THÈMES

DE

LA LANGUE ESPAGNOLE.

ARTICLE II.

Exercices sur les noms.

ARTICLE III.

Exercices sur les pronoms.

ARTICLE IV.

Exercices sur les conjugaisons.

ARTICLE V.

Exercices sur les autres parties du discours.

ARTICLE VI.

Exercices sur la syntaxe.

ARTICLE VII.

Exercices sur les idiotismes et les homonymes.

CHAPITRE II.

DEUXIÈME SÉRIE DE THÈMES.

CHAPITRE III.

TROISIÈME SÉRIE DE THÈMES.

Thèmes en forme de discours suivi.

CHAPITRE IV.

QUATRIÈME SÉRIE DE THÈMES.

Thèmes tirés d'ouvrages français.

PETIT VOCABULAIRE

DE MOTS LES PLUS USITÉS.

CHAPITRE PREMIER.

Noms substantifs.

N° 1. CHOSES APPARTENANT A LA RELIGION.

N° 2. DE L'HOMME.

N° 3. DE L'AME, DES SCIENCES, ETC.

N° 9. DU TEMPS ET DE LA NATURE.

CHAPITRE II.

Des Adjectifs.

CHAPITRE III.

Des Verbes.

N° 15. ACTIONS DE LA VIE PRIVÉE.

N° 16. ACTIONS DE LA VIE SOCIALE.

CHAPITRE IV.

Des autres parties du discours.

DIALOGUES FAMILIERS.

EXCEPTIONS ET NOTES INDIQUÉES AU RÉSUMÉ PAR UN RENVOI.

(1) L'*u* ne se prononce pas dans *gue, gui, que* et *qui* sans tréma.

(2) *R* devient *rr*, 1° étant initial : *rabia, rio*, etc. ; 2° après *l, n* et *s*; 3° dans les composés de deux mots (*virey, maniroto*, etc.), ou des prépositions *ab, contra, entre, ex, ob, pre, pro, sobre* et *sub*.

(3) *X* est *j* dans l'ancienne orthographe devant une voyelle sans circonflexe.

(4) Les mots étrangers subissent quelques exceptions que l'usage autorise.

(5) Exceptez les noms de famille en *es* ou *ez* et *antes, entonces, lejos, menos* et *mientras*.

(6) Exceptez le présent de l'infinitif et les deuxièmes personnes du pluriel de l'impératif de tous les verbes, *amar, temed*, etc., ainsi que la deuxième personne du pluriel du présent de l'indicatif de la troisième conjugaison : *partis*, etc.

(7) POUR LE LATIN. 1° On prononce l'*u* dans *gue, gui* et *que*, non pas dans *qui*.

2° on fait sentir fortement l'accent.

3° CH, J, LL, X, Æ, OE, tia, tie (cia, etc., franc.) *font* K, y cons. l, cs, e, e, zia, zie (zia, etc., espag.)

(8) On supprime l'article souvent avec *casa, palacio, caza, pesca, paseo, misa*, etc., *España, Normandia*, etc.

(9) *Noms masculins par exception.* Metaplasmo, pleonasmo, hipérbaton. — Anagrama, antípoda, aroma, axioma, cisma, clima, crisma, cometa, dia, dilema, diploma, dogma, drama, etc., enigma, entimema, fa, idioma, la, maná, mapa, planeta, poema, prisma, problema, programa, sistema, síntoma, sofá, sofisma, teorema. — Ardid, áspid, ataud, césped, laud, sud, talmud. — Alumbre. — Bastion, embrion, morrion, sarampion, talion, corazon. — Anis, apocalipsis, éxtasis, génesis, iris, pais. — Almirez, arroz, avestruz, barniz, cáliz, lápiz, maiz, tapiz, et quelques autres peu usités.

Noms féminins par exception. Jaca, Esgueva, Güelva.— Ave, barbarie, base, calle, carne, catástrofe, chinche, clase, cohorte, efigie, especie, estirpe, fase, fe, fiebre, frase, fuente, hambre, hueste, indole, ingle, intemperie, leche, lente, liebre, llave, menguante, mente, molicie, muerte, mugre, nave, nieve, noche, nube, patente, peste, pirámide, plebe, podre, pringue, progenie, prole, raigambre, salve, sangre, sede, se-

ric, serpiente, sierpe, simiente, suerte, superficie, tangente,
tarde, temperie, torre, ubre, urdimbre, vacante, variante.
— Diócesi, metrópoli. — Mano, nao. — Tribu. — Aguamiel,
cal, cárcel, col, decretal, hiel, miel, piel, sal, señal, vocal.
— Imágen, sarten, sien, clin, *ou* crin. — Coliflor, flor, labor,
segur. — Mies, res, tos. — Trox. — Grey, ley. — Creces,
efeméridas, fauces, mientes, preces, trévedes, et quelques
autres peu usités.

Noms de deux genres. Albalá, anatema, diadema, em-
blema, epígrama, hermafrodita, nema, neuma, reuma, arte,
dote, puente, canal, márgen, azúcar, mar, cútis.

Noms qui changent leur genre d'après leur signification.
Clave, corte, doblez, frente, haz, órden, parte, pez, tema.

(10) *Noms de saints qui conservent le* to. Domingo, Tomas,
Tomé, Toribio.

(11) Exceptez aussi *bueno, fiel, fuerte.* — Benéfico, etc.,
celebérrimo, etc., ardiente, etc., limpio, etc. — Antiguo,
iniquo, nuevo, sagrado, y sabio.

(12) Notes sur *tarde, noche, las doce,* et *de* de dates.

(13) Quelquefois on emploie, en parlant d'une seule personne, *nos* et *vos;* mais non *nosotros* ni *vosotros.*

(14) Il est bon de refaire la phrase française, en y employant *votre merci,* ou *altesse,* etc., et non pas *vous, vos,
votre.* Au vocatif : *serenisimo señor,* etc. Voyez à la pag. 99
les divers titres qu'on donne aux diverses personnes.

(15) *Este,* près de moi ou le dernier nommé ; *ese,* près de
toi ou le nommé par toi ; *aquel,* loin de nous ou le premier
nommé ; *aquí* ou *acá, ahí, allí* ou *allá,* suivent la même
analogie.

(16) On ajoute l'*á,* 1° à l'infinitif régi par un verbe de mouvement ; 2° aux prix et dates. — On emploie *de* pour l'âge,
la propriété et l'usage des choses. — PAR, se rend *por.* —
POUR, en signifiant substitution, échange, faveur (ou *pro,
propter, ob* latins), se rend *por;* en marquant destination,
temps, lieu (*ad, in* ou datif latin), se rend *para.*

(17) On le reconnaît en substituant un substantif.

(18) Ce futur est accompagné d'un autre futur positif ou
d'un impératif. Voyez la page 218.

(19) On supprime le *ne* employé avec *douter, nier, empêcher, craindre,* etc.

(20) En employant les conjonctions *y, mas, pero, porque,
puisque,* etc. ; ou les relatifs *que, quien, el, cual;* ou le gérondif.

(21) *Antes, entonces, lejos, menos* et *mientras.*

RÉSUME DE LA GRAMMAIRE ESPAGNOLE COMPLÈTE. (Consultez au besoin la Grammaire.)

PRONONCIATION.

DES LETTRES. CH, J, Z : vive voix du maître. ...que fermé. — H, non aspiré. — L, jamais mouillé. ...toujours mouillé, non double. — M, N, jamais nasaux. — RR, rude. — R, doux. — S, ç. — C, Z espagnol. Prononcés tout (1).

GÈMENS. Ce, ci : s espagnol. — Chà, chò, etc. k. : j espagnol. — R, par fois rr (2). — Y : consonne ne voyelle. — X : cs. Étant initial ou final (et 3) j — W : ou. Devant une voyelle u (4). interrogatif et admiratif très marqués. Voyelle d'appuée par ce signe (′). — Règles, lorsqu'il n'est pas et 2° pour les mots en voyelle, l'avant-dernière a, ie, io, aa, ue, uo); 3° pour les mots en consonne, o (5); 4° pluriel comme au singulier ; 5° pour les verant-dernière (6) ; LATIN (7).

ANALYSE.

CLES. El, la, lo, los, las ; al, del. El (pour la) lorsque l'a est long. Emploi : 1° el señor Saez, ou Conde. (Don et doña.) Au vocatif : señor Saez, ou sec. 2° Es la mas linda casa, ou es la casa mas linda tras pan, vino, cerezas (unas ou algunas cerezas)(8). E. 1° Masculins : les mâles, rivières et montagnes; ns : les femelles, sciences, lettres et figures ; 3° féa, d et z, et la plupart d'ambre, ion, zou, les, is; ins : les autres; 5° mots sans singulier, comme s'ils en Exceptions(9).

IEL. Voyelle brève prend un s. Voyelle accentuée, y ne prennent es : (x et s font j et c). Exceptions : e et papás, mamás, sofás.—Pour les titres et parens aire : los reyes, los padres, etc. On dit los Titos, etc. NIN. O, ora, etc : en a. — Dor, tor, an et on, un a; les autres restent invariables, excepté les noms au pays en consonne.

E DE LETTRES. Au singulier, 1° uno, alguno, bueno, malo, primero et postrero, suivis de leur ant les noms propres (10); 3° ciento, mil ou millones, ou d'un substantif; 4° grande, deant s'il commence par une consonne. ARATIFS d'égalité. Premier membre : tan avec les et adverbes ; tanto, avec les verbes; tanto, a, os, as substantifs ; 2° membre, como (les verbes admetnto). Es signifiant à tel point que, on traduit que.

COMPARATIFS DE SUPÉRIORITÉ, etc. : mas, menos que. On supprime, 1° le de (excepté si l'on exprime un nombre); 2° le ne du 2° membre. On n'a égard qu'au dernier comparatif. — Plus, moins, en rapport dans deux membres de la phrase : cuanto mas, tanto menos, avec accord et inversion. — ISIMO, ajouté à la consonne ou remplaçant la voyelle : excepté ble, co, go, z et autres (11). Il exagère beaucoup.

CARDINAUX. Uno, doscientas, etc. Chaque division millième admet l'y. ORDINAUX : décimo octavo, vigésimo sesto, etc. On dit : Pio octavo, Luis ou libro catorce ou décimo cuarto, etc. Vino à las tres; vino en tres horas (12).

PRONOMS PERSONNELS. Yo, me, me, mi. Tu, te, te, ti. El, le, (lo), le, él ; ella, la, le, (la), ella ; ello, lo, le, ello. Nosotros (as), nos (13), nos, nosotros (as). Vosotros (as), os, os, vosotros(as). Ellos, los, les, ellos; ellas, las, les, ellas. — Se, se, sí. —Conmigo, contigo, consigo.

Nota. Lui, eux, etc., en régime et rapportés au sujet : on dit sí.— Lui, leur joints à le, la, les : on dit se. — En, y mettre, 1° le pronom ou l'adverbe remplacés ; 2° ou su, sus; 3° ou le, la, les, etc. ; 4° ou supprimez-les. Vous : Usted, ustedes, vuestra Alteza, etc., avec régime et accord (souvent masculin) de la troisième personne : votre, vos; su, sus (14), souvent le, la, les, los las (vos on parlant à Dieu, aux saints, aux princes, pour les temps anciens, etc.) Pronoms en régime de l'infinitif, gérondif et impératif se collent après. — Le, la, los, suivent les autres. — Se précède me, te, nos et os; non on le répète. — Mio, tuyo, suyo, mios, etc. Devant leur substantif on dit : mi, tu, su, mis, tus, sus.

D'AUTRES PRONOMS. Celui-ci, este; celui-là, ese ou aquel (leur différence 15). Celui qui, el (ou aquel) que; celui-ci, el (ou aquel) de; — ce avec être (voyez pag. 112); — qui, que, quoi, se rend que; — quel, cual, cuales. Dans la phrase alternative supprimez l'article; — qui, lequel, celui qui, avec des personnes, se rendent quien, quienes sans article; — dont, duquel, avec deux substantifs, se rendent cuyo, a, os, as, placé entre les deux. On l'accorde avec le deuxième substantif, et celui-ci n'aporte pas d'article.

Pronoms admiratifs et interrogatifs. Que, quoi (et quel, qui immédiatement d'un substantif), que. Qui (et quel, suivi immédiatement d'un verbe et rapporté à des personnes), quien. quel, rapporté à des choses, cual. A qui sont, de quien ou ayos son. — Négatifs, placés après le verbe : on ajoute no avant celui-ci.

On, se rend, 1° uno, alguno, el hombre; 2° nosotros; 3° troisième personne du pluriel sans sujet; 4° se avec accord. — Autrui, otro, otros; d'autrui, ageno, a, os, as.— Quelque, alguno. Pour a quelque point que, avec des adjectifs et adverbes ; por... que, por mas... que; avec des substantifs, cualquiera que; si l'on exprime l'idée de nombreux, por mas... que, por mucho (a, os, as)... que. — Même, mismo (a, os, as); par fois, aun, hasta.

CONJUGAISONS. Voyez le Tableau et la Liste alphabétique du 5° supplément, pag. 285.

ADVERBES de quantité avec un substantif, se rendent par des adjectifs. Tanto et cuanto avec des adjectifs ou adverbes, perdent le to ; autant, répété se rend cuanto (a, os, as) et tanto (a, os, as); tanto, cuanto et que, toujours joints aux mots auxquels ils se rapportent.— Mente, on l'ajoute à la terminaison féminine de l'adjectif. On ne le répète pas. Alli(15).

PRÉPOSITIONS. Lieu où l'on agit, en; lieu où l'on va, à. Notes sur a, de, par et pour (16); chez, jusqu'à, sobre, de retranché, de ou con ajoutés en espagnol.

CONJONCTIONS. Que pour si, lorsque, etc., supprimé; que, ajouté ou supprimé, etc. (voyez pag. 188); y avant i devient é; ó avant o devient u.

SYNTAXE.

ACCORD. On le fait avec difunto, etc., et au participe avec tener, non pas avec haber. Le pluriel l'emporte pour le genre de choses. — Cuyo, a, os, as s'accorde avec le deuxième substantif. Supprimez l'il impersonnel et accordez le verbe; excepté haber, et hacer en le remplaçant.

RÉGIME direct demande un a, 1° pour les noms d'êtres raisonnables ; 2° pour ceux des villes, provinces et royaumes sans article.

TEMPS DES VERBES. Infinitif présent. On supprime le de non régime (17); parfois on met el; souvent que et le subjonctif, spécialement avec rogar, etc. (Voyez pag. 269.)— Participe présent se rend par le gérondif. — Gérondif va sans en. — Participe passé s'accorde, s'il est régi par ser ou tener, non pas s'il l'est par haber : sa forme absolue est très usitée ; 37 participes actifs; 38 doubles, dont le 2° s'emploie comme adjectif.

INDICATIF. Le présent exprimant l'avenir, peut être remplacé par le futur du subjonctif. Dites si eres exacto y sabes, non pas y que sepas, etc. — L'imparfait, précédé de si et suivi du conditionnel se rend par le subjonctif. — Le futur, s'il est contingent (18), se rend par le présent ou futur du subjonctif. —Le conditionnel se rend par l'imparfait du subjonctif, 1° dans quand il serait ; 2° aux cas analogues au futur contingent. S'il n'est pas précédé de que, il peut se rendre par l'imparfait du subjonctif.

SUBJONCTIF. Ce mode se rend par l'indicatif, 1° après le superlatif relatif, suivi d'un pronom relatif; 2° avec bien que, etc., si le sens est affirmatif (19). L'impératif peut se rendre par le futur; s'il est négatif, il se rend par le présent du subjonctif.

LONGUEUR ET LIAISON DES PHRASES. Moyens de leur donner la tournure espagnole (20).

INVERSIONS. Pronoms après les verbes, même entre l'auxiliaire et le participe. Interrogation et impératif. — Mucho, poco (alguno et ninguno non précédés de négation), tanto, cuanto. — Quelques adjectifs changent leur signification. — Bien, mal, demasiado, vont après l'infinitif.

ÊTRE. Se rend ser; exceptés. 1° avec a, con, en, et parfois avec de; 2° avec le gérondif et le participe passé, si celui-ci n'est pas à la voix passive; 3° avec les adjectifs s'ils répondent à : comment est-il?

ORTHOGRAPHE.

LETTRES. Notes sur b et v, c et s, c et g, j et g, y et i, h. PONCTUATION. Points renversés (¿¡), amdndole, etc. ACCENT ÉCRIT. 1° Dans á, é, ó, ú, et parfois dans el, mi, tú, si, dé, sé, té et qué; 2° aux polysyllabes, terminés en voyelle, si la voyelle pénultième n'est pas longue, exceptez io, ia, ie, ua, ue, uo; 3° aux mots au consonne brève, exceptés as et es de famille (et 21); 4° au pluriel comme au singulier, excepté caractéres et reglamenes; 5° aux personnes des verbes détaillés à la page 257.

SUPPLÉMENS.

EXPLICATIONS DES RENVOIS DU TABLEAU

(1) Lorsqu'on ne marque pas toutes les terminaisons des temps réguliers, c'est qu'on suit l'analogie dans les personnes suivantes. Exemples : *amo, amas, ama, amamos, amais, aman; ame, ames, ame, amemos, ameis, amen,* etc.

(2) Les terminaisons non détaillées dans la troisième conjugaison sont semblables à celle de la deuxième conjugaison.

(3) La troisième personne du singulier et la première et la troisième du pluriel de l'impératif sont toujours les mêmes que celles du présent du subjonctif. — La deuxième du pluriel est toujours régulière.

(4) La deuxième personne du singulier et la première et la deuxième du pluriel du prétérit défini, suivent toujours l'irrégularité de la première du singulier.

(5) Les temps en *se, ra* et *re* du subjonctif, suivent la troisième personne du pluriel du prétérit défini. C'est pourquoi on s'est dispensé de détailler ces trois temps.

(6) Le conditionnel (*ria*) suit toujours le futur (*re*).

(7) Remarquez l'*y* dans *yerro, yerras; yergo, yergues,* etc.

(8) Remarquez l'*h* dans *huelo, hueles, deshueva,* etc.

(9) Verbes en *eñir* et *eir*. On dit *riñendo, riño, riñeron, riendo, rió, rieron,* etc., plutôt que *riñiendo, riyendo,* etc.

(10) Asgo, ases, etc.; asga, etc.— Escrito, abierto et cubierto.— Satisfice, satisfaciste, satisfizo, satisfacimos, satisfacisteis, satisfacieron ; satisfaz *ou* satisface.— Bendeciré, etc., bendeciria, etc., bendecido. — Maldeciré, etc., maldeciria, etc., maldecido. *Dans l'impératif*: bendice, maldice, contradice et desdice.

(11) Tous les verbes finis en *acer, ecer* et *ocer*, excepté *mecer, cocer, hacer* et leurs composés.

(12) Tous les verbes en *acr, œr* et *oer*.

(13) Tous les verbes en *uir*, lorsque l'*u* est prononcé.

TABLEAU SYNOPTIQUE DES CONJUGAISONS. (Consultez la Grammaire au besoin.)

Infinitif.	Gérondif.	Participe.	Présent.	Imparfait.	Prétérit défini.	Futur.	Cond.	Prés.	1er Imp.	2e Imp.	Futur.	Impératif.
Am	ar,	ando,	ado,	as (1),	aba,	é, aste, ó, amos, asteis, aron.	aré, arás, ará, aremos, aréis, arán,	aría,	e,	ase,	ara,	are,	a, e, emos, ad, en.
Tem	er,	iendo,	ido,	es,	ia,	í, iste, ió, imos, isteis, ieron,	eré, erás, erá, eremos, eréis, erán,	ería,	a,	iese,	iera,	iere,	e, a, amos, ed, an.
Sub	ir,	(2)		(imos, is),			iré, irás, irá, iremos, iréis, irán,	iría.					id.

1re Irrégularité orthographique des verbes terminés en *car, cer, cir, gar, ger, gir, guar, guir* (u sans tréma), *quir* et *zar*. — 2e On supprime l's de *mos*, avant *nos* et *os*, et le *d* de *ad, ed, id* avant *os*. — 3e On emploie toujours *haber*, et jamais *ser*, pour former les temps composés.

Verbes irréguliers.	Présent de l'Indicatif.	Présent du Subjonctif, et trois personnes de l'Impératif (3).	Impératif 2e du singulier.	Imparfait.	Gérondif.	Prétérit défini, deux ou six personnes (4), et les temps se, ra et re (5).			Futur et Conditionnel (6).	Participe passé.
lar, etc. (Voyez page 138.)	Acierto, aciertas, acierta, — aciertan (7).	Acierte, aciertes, acierte, — aciesten.	Acierta							Suelto, etc.
dar, etc. (Voyez page 144.)	Acuerdo, acuerdas, acuerda, — acuerdan (8).	Acuerde, acuerdes, acuerde, — acuerden.	Acuerda							Vuelto, etc.
ar.						Anduve, etc.	Anduvo	Anduvieron.		
	Doy					Di, etc.	Dió	Dieron.		
r.	Estoy, estás, está, — están	Esté, estés, esté, — estén	Está.			Estuve, etc.	Estuvo	Estuvieron.		
der, etc. (Voyez page 141).	Atiendo, atiendes, atiende, — atienden.	Atienda, atiendas, atienda, — atiendan	Atiende.							
er, etc. (Voyez page 147.)	Muevo, mueves, mueve, — mueven	Mueva, muevas, mueva, — muevan.	Mueve							
r, etc. (11).	Nazco.	Nazca, etc.								
i, etc. (12).					Leyendo		Leyó	Leyeron.		
r.	Quepo	Quepa, etc.				Cupe, etc.	Cupo	Cupieron.	Cabré.	
et ses composés.	Caigo.	Caiga, etc.			Cayendo		Cayó	Cayeron.		
er.	He, has, ha (hay), hemos, habeis, han.	Haya, etc.	(Il n'y a en pas).			Hube, etc.	Hubo	Hubieron.	Habré.	
er et ses composés.	Hago.	Haga, etc.	Haz.			Hice, etc.	Hizo	Hicieron.	Haré.	Hecho.
er.	Puedo, puedes, puede, — pueden.	Pueda, puedas, pueda, — puedan.	Puede		Pudiendo	Pude, etc.	Pudo	Pudieron.	Podré.	
er et ses composés.	Pongo.	Ponga, etc.	Pon.			Puse, etc.	Puso	Pusieron.	Pondré.	Puesto.
rer.	Quiero, quieres, quiere, — quieren.	Quiera, quieras, quiera, — quieran	Quiere			Quise, etc.	Quiso	Quisieron.	Querré.	
er.	Sé	Sepa, etc.				Supe, etc.	Supo	Supieron.	Sabré.	
er et ses composés	Soy, eres, es, somos, sois, son.	Sea, etc.	Sé	Era.		Fui, etc.	Fué.	Fueron.		
r et ses composés.	Tengo, tienes, tiene, — tienen.	Tenga, etc.	Ten.			Tuve, etc.	Tuvo.	Tuvieron.	Tendré.	
er et ses composés.	Traigo.	Traiga, etc.			Trayendo	Traje, etc.	Trajo.	Trajeron.		
et ses composés.	Valgo.	Valga, etc.							Valdré.	
er, etc. (Voyez page 152.)	Veo	Vea, etc.	Vea	Veia						Visto.
r, etc. (Voyez page 152.)	Pido, pides, pide, — piden.	Pida, etc.	Pide.		Pidiendo (9)	Pidió (9)		Pidieron.		Frito, etc.
ir, etc. (Voyez page 155.)	Siento, sientes, siente, — sienten.	Sienta, etc. (sintamos, sintais).	Siente		Sintiendo	Sintió		Sintieron.		
r, etc. (13).	Huyo, huyes, huye, — huyen.	Huya, etc.	Huye		Huyendo	Huyó.		Huyeron.		
ir et ses composés.	Digo, dices, dice, — dicen.	Diga, etc.	Di		Diciendo	Dije, etc.	Dijo.	Dijeron.	Diré.	Dicho.
rmir.	Duermo, duermes, duerme, — duermen	Duerma, etc. (durmamos, durmais).	Duerme.		Durmiendo		Durmió.	Durmieron.		
ir (composés de).	Conduzco	Conduzca, etc.	Conduzca			Conduje, etc.	Condujo.	Condujeron.		
ir et ses composés	Voy, vas, va, vamos, vais, van.	Vaya, etc.	Ve	Iba.	Yendo	Fui, etc.	Fué.	Fueron.		
ir et ses composés	Luzco	Luzca, etc.								
ir.	Muero, mueres, muere, — mueren	Muera, etc. (muramos, murais).	Muere		Muriendo		Murió.	Murieron.		Muerto.
ir et ses composés.	Oigo, oyes, oye, — oyen	Oiga, etc.	Oye.		Oyendo		Oyó.	Oyeron.		
r et ses composés.	Salgo.	Salga, etc.	Sal.						Saldré.	
ir et ses composés	Vengo, vienes, viene, — vienen	Venga, etc.	Ven.		Viniendo	Vino, etc.	Vino.	Vinieron.	Vendré.	

Notes sur les verbes *asir, escribir, abrir*, et leurs composés, et sur *satisfacer, bendecir, maldecir, contradecir* et *desdecir* (10). Sur les défectifs, *podrir, placer, yacer, soler* et *abolir*, voyez la Grammaire.

www.ingramcontent.com/pod-product-compliance
Ingram Content Group UK Ltd.
Pitfield, Milton Keynes, MK11 3LW, UK
UKHW022327090726
13658UKWH00001B/117